MICHAEL GRESSMANN

**Die einstweilige Anordnung
im bayerischen Verfassungsprozeßrecht**

Schriften zum Prozessrecht

Band 94

Die einstweilige Anordnung im bayerischen Verfassungsprozeßrecht

Von

Dr. Michael Greßmann

Duncker & Humblot · Berlin

CIP-Titelaufnahme der Deutschen Bibliothek

Greßmann, Michael:
Die einstweilige Anordnung im bayerischen
Verfassungsprozeßrecht / von Michael Greßmann. –
Berlin: Duncker u. Humblot, 1990
    (Schriften zum Prozessrecht; Bd. 94)
    Zugl.: Regensburg, Univ., Diss., 1989
    ISBN 3-428-06883-1
NE: GT

Alle Rechte vorbehalten
© 1990 Duncker & Humblot GmbH, Berlin 41
Fotoprint: Color-Druck Dorfi GmbH, Berlin 49
Printed in Germany
ISSN 0582-0219
ISBN 3-428-06883-1

Vorwort

Diese Arbeit hat im Wintersemester 1988/89 der Juristischen Fakultät der Universität Regensburg als Dissertation vorgelegen. Rechtsprechung und Literatur sind bis Juli 1989 berücksichtigt.

Für die Anregung zu dieser Arbeit und ihre Betreuung, insbesondere im Rahmen des Doktorandenseminars, möchte ich Prof. Dr. Schumann sehr herzlich danken. Besonderer Dank gebührt auch dem Generalsekretär des Bayerischen Verfassungsgerichtshofs, Herrn Dr. Tilch, für dessen hilfreiche Auskünfte und Hinweise. Meiner Familie schließlich danke ich für ihre vielfältige Unterstützung.

Regensburg, im Oktober 1989

Michael Greßmann

Inhaltsverzeichnis

Einleitung   15

Erster Teil

Geschichte, Gesetzeslage und rechtsvergleichende Einführung

§ 1 Geschichte des bayerischen Verfassungsprozesses   16

- A. Die Verfassungsurkunde des Königreiches Baiern vom 26. Mai 1818 16
  - I. Ministeranklage 16
  - II. Verfassungsbeschwerde 17
- B. Die Errichtung des Staatsgerichtshofs 18
- C. Die Verfassungsurkunde des Freistaates Bayern vom 14. August 1919 18
  - I. Aufgaben des Staatsgerichtshofs 19
  - II. Kompetenz zum Erlaß einstweiliger Anordnungen 19
  - III. Exkurs: Der Erlaß einstweiliger Anordnungen durch den Staatsgerichtshof des Reiches 20
    1. Ausgangslage 20
    2. Stellungnahme in der Literatur 20
        - a) Ablehnende Stimmen 20
        - b) Einschränkende Stimmen 21
        - c) Bejahende Stimmen 21
    3. Die Rechtsprechung des Staatsgerichtshofs des Reiches 22

§ 2 Rechtsgrundlagen zum Erlaß einstweiliger Anordnungen im Verfassungsprozeßrecht der Bundesrepublik Deutschland   24

- A. Bayern 25
  - I. Verfassung 25
  - II. Verfassungsgerichtshofgesetz 26
  - III. Geschäftsordnung des Verfassungsgerichtshofs 26
    1. Die Geschäftsordnung vom 14. Mai 1948 27
    2. Die Geschäftsordnung vom 15. Juli 1963 27
  - IV. Erlaß ohne positive Rechtsgrundlage 28

- B. Bund 28
  - I. Grundgesetz 29
  - II. Bundesverfassungsgerichtsgesetz 29
    - 1. Die allgemeine Regelung des § 32 BVerfGG 29
    - 2. Die Spezialvorschriften im BVerfGG 30
  - III. Wahlprüfungsgesetz 30
- C. Übrige Bundesländer 31
  - I. Baden–Württemberg 31
  - II. Berlin 32
  - III. Bremen 32
  - IV. Hamburg 33
  - V. Hessen 34
  - VI. Niedersachsen 35
  - VII. Nordrhein–Westfalen 35
  - VIII. Rheinland–Pfalz 36
  - IX. Saarland 37
  - X. Schleswig–Holstein 38

Zweiter Teil

Die einstweilige Anordnung in der bayerischen Verfassungsrechtsprechung

§ 3 Grundlagen des einstweiligen Rechtsschutzes   39

- A. Zweck des einstweiligen Rechtsschutzes 39
- B. Grundstruktur des einstweiligen Rechtsschutzes 40
  - I. Materiell–akzessorische Entscheidungen 40
  - II. Offene Entscheidungen 41
- C. Die einstweilige Anordnung im bayerischen Verfassungsprozeß als offene Entscheidung 41

§ 4 Die Zulässigkeit der einstweiligen Anordnung   43

- A. Die Zuständigkeit des Verfassungsgerichtshofs in der Hauptsache 43
  - I. Anklageverfahren 44
    - 1. Anklage gegen ein Mitglied der Staatsregierung 44
    - 2. Anklage gegen ein Mitglied des Landtags 44
    - 3. Anklage gegen ein Mitglied des Senats 45
  - II. Ausschluß von Wählergruppen 45
  - III. Wahl– und Mandatsprüfung 46
    - 1. Landtag 46
    - 2. Senat 47
  - IV. Verfassungsstreitigkeiten 47

	V.	Meinungsverschiedenheiten über Verfassungsänderung	48
	VI.	Richtervorlage	48
	VII.	Verfassungsbeschwerde	50
		1. Gerichtliche Entscheidungen	50
		2. Maßnahmen von Behörden	51
	VIII.	Popularklage	52
		1. Formelle Gesetze	52
		2. Rechtsverordnungen	53
		3. Andere Rechtsvorschriften des bayerischen Landesrechts	53
	IX.	Entscheidung in besonderen durch Gesetz zugewiesenen Fällen	54
		1. Zuständigkeiten nach dem Landeswahlgesetz	54
		a) Entscheidung über das Vorliegen der gesetzlichen Voraussetzungen für die Zulassung eines beantragten Volksbegehrens	54
		b) Entscheidung über die Erledigterklärung eines Antrags auf Zulassung eines Volksbegehrens	55
		c) Entscheidung über Rechtsgültigkeit eines Volksbegehrens	55
		d) Entscheidung über den Prüfungsbeschluß des Landtags	56
		2. Entscheidungen in Angelegenheiten des Gesetzes über den Senat	56
		a) Einsprüche gegen die Aufnahme, gegen die Ablehnung der Aufnahme oder gegen die Streichung im Verzeichnis der wahlberechtigten Organisationen	56
		b) Beschwerde bei Neubildungen von Organisationen	57
B.	Justiziabilität der Hauptsache		58
C.	Der Erlaß einstweiliger Anordnungen auf Antrag		59
	I.	Die einstweilige Anordnung innerhalb anhängiger Verfahren	59
	II.	Die einstweilige Anordnung außerhalb anhängiger Verfahren	59
		1. Vortrag der Klageabsicht	59
		2. Vortrag der formellen und materiellen Voraussetzungen des Hauptsacheverfahrens	60
D.	Der Erlaß einstweiliger Anordnungen von Amts wegen		61
	I.	Außerhalb anhängiger Verfahren	61
		1. Bejahende Stimmen	61
		2. Ablehnende Stimmen	62
		3. Eigene Stellungnahme	62
	II.	Innerhalb anhängiger Verfahren	63
E.	Rechtsschutzbedürfnis		64

§ 5 Die Begründetheit der einstweiligen Anordnung   66

A.	Einfluß der Erfolgsaussichten in der Hauptsache auf das Verfahren des einstweiligen Rechtsschutzes		66
	I.	Keine Vorwegnahme der Hauptsache	66
	II.	Einfluß der Zulässigkeit der Hauptsache	67

	III.	Einfluß der Begründetheit der Hauptsache	68
	IV.	Offensichtliche Verfassungswidrigkeit	68
B.	Anordnungsgrund		69
	I.	Strenger Maßstab	69
	II.	Folgenfeststellung	69
	III.	Unabweisbarkeit des Erlasses	70
		1. Popularklage	70
		2. Verfassungsbeschwerde	72
	IV.	Glaubhaftmachung	73
	V.	Die Anklageverfahren als Ausnahme	73
C.	Besondere Voraussetzungen beim Erlaß einstweiliger Anordnungen außerhalb anhängiger Verfahren		74

§ 6 Das Verfahren beim Erlaß einstweiliger Anordnungen   75

A.	Belehrungsschreiben		75
B.	Vertretung		75
	I.	Vertretungszwang	76
	II.	Auferlegung eines Prozeßvertreters	76
C.	Besondere Voraussetzungen bei der Verfassungsbeschwerde		78
D.	Auferlegung eines Kostenvorschusses		78
E.	Gelegenheit zur Äußerung		79
	I.	Ausschluß von Wählergruppen	80
	II.	Wahl- und Mandatsprüfung	80
	III.	Verfassungsstreitigkeiten	81
	IV.	Meinungsverschiedenheiten über Verfassungsänderung	81
	V.	Verfassungsbeschwerde	81
	VI.	Popularklage	82
	VII.	Entscheidungen in Angelegenheiten des Gesetzes über den Senat	83
F.	Fristen		83
	I.	Verfassungsbeschwerde	84
		1. Erschöpfung des Rechtswegs	84
		2. Stellung eines Abhilfegesuchs	84
		3. Sonstige Fälle	84
	II.	Entscheidung in Angelegenheiten des Gesetzes über den Senat	85
G.	Aussetzung		85
H.	Dauer des Verfahrens		86
I.	Verbindung von Verfahren		87
J.	Mündliche Verhandlung		88
K.	Öffentlichkeit		88

§ 7 Die Entscheidung 89

- A. Die Besetzung des Gerichts 89
    - I. Der Senat 89
    - II. Die "kleine Besetzung" 89
    - III. Der Präsident 90
- B. Form und Inhalt der Entscheidung 91
    - I. Form der Entscheidung 91
    - II. Inhalt der Entscheidung 91
        1. Keine Vorwegnahme der Entscheidung in der Hauptsache 91
        2. Bindung an Anträge 91
        3. Der Inhalt der einstweiligen Anordnung im einzelnen 92
            - a) Anklageverfahren 92
            - b) Ausschluß von Wählergruppen 93
            - c) Wahl- und Mandatsprüfung 93
            - d) Verfassungsstreitigkeiten 94
            - e) Meinungsverschiedenheiten über Verfassungsänderung 94
            - f) Verfassungsbeschwerde 95
                - (1) Alte Rechtsprechung 95
                - (2) Neue Rechtsprechung 95
            - g) Popularklage 96
                - (1) Aussetzung des Vollzugs 96
                - (2) Weitergehende Maßnahmen 97
                - (3) Maßnahmen bei gesetzgeberischem Unterlassen 98
            - h) Entscheidung in besonderen durch Gesetz zugewiesenen Fällen 98
                - (1) Zuständigkeiten nach dem Landeswahlgesetz 98
                - (2) Entscheidungen in Angelegenheiten des Gesetzes über den Senat 99
    - III. Abweichende Ansicht 99
- C. Wirkungsdauer der einstweiligen Anordnung 100
    - I. Aufhebung 100
        1. Änderung der Umstände 100
        2. Erlaß durch den Präsidenten 100
    - II. Entscheidung in der Hauptsache 100
    - III. Tätigwerden des Gesetzgebers 101
    - IV. Anordnung der Klageerhebung 101
- D. Vollstreckung 102
- E. Schadensersatz 103
    - I. Ausgangspunkt 103
    - II. Maßnahmen des einstweiligen Rechtsschutzes mit möglicher Schadensersatzpflicht .. 103
    - III. Maßnahmen des einstweiligen Rechtsschutzes ohne Schadensersatzpflicht 104
    - IV. Schlußfolgerung 105
- F. Kosten des Verfahrens 105
    - I. Gerichtskosten 105

II.	Außergerichtliche Kosten	106
III.	Kostenerstattung	107
IV.	Prozeßkostenhilfe	108
V.	Erinnerung gegen den Kostenfestsetzungsbeschluß	108

Dritter Teil

Verfassungsgerichtshofgesetz und Geschäftsordnung des Verfassungsgerichtshofs de lege ferenda

§ 8 Änderung der Geschäftsordnung 109

A.	Geschäftsordnung des Bayerischen Verfassungsgerichtshofs		109
B.	Geltende Regelung		110
C.	Änderung des Regelungsinhalts		111
	I.	Verwaltungsgerichtsgesetz	111
	II.	Zivilprozeßordnung	112
	III.	Schlußfolgerung	113
D.	Die dynamische Verknüpfung von Landes- und Bundesrecht		113
	I.	Ablehnende Stimmen	114
	II.	Bejahende Stimmen	114
	III.	Eigene Stellungnahme	115
E.	Bundesverfassungsgerichtsgesetz als richtiges Verweisungsobjekt		116
	I.	Beschränkung der Verweisung auf den zweiten Teil des Bundesverfassungsgerichtsgesetzes	117
	II.	Unterschiede zwischen Bundesverfassungsgerichtsgesetz und geltendem Recht	118
		1. Einstweilige Anordnung	118
		2. Weiteres Verfahren	119
F.	Schlußfolgerung		120

§ 9 Ausdrückliche Regelung 121

A.	Inhalt der Regelung	121
B.	Stellung der Regelung	122
C.	Formulierungsvorschlag	122
D.	Anklageverfahren	123

Vierter Teil

Die Entscheidungen des Bayerischen Verfassungsgerichtshofs in Verfahren des einstweiligen Rechtsschutzes

§ 10 Überblick   124

A. Veröffentlichung 124
B. Statistik 125
C. Registerzeichen 126

§ 11 Vom Verfassungsgerichtshof erlassene einstweilige Anordnungen   127

§ 12 Vom Verfassungsgerichtshof abgelehnte einstweilige Anordnungen   129

Fünfter Teil

Zusammenfassung   142

Literatur   148

Einleitung

Vorliegende Arbeit beschäftigt sich mit der einstweiligen Anordnung im Verfahren vor dem Bayerischen Verfassungsgerichtshof.

Art. 99 S. 2 der Verfassung des Freistaates Bayern gewährt den Bürgern ein Recht auf Rechtsschutz im Range eines Grundrechts[1]. Dieses subjektive verfassungsmäßige Recht enthält nicht nur das formelle Recht und die theoretische Möglichkeit, die Gerichte anzurufen, sondern auch die Effektivität des Verfahrens[2]; dieses Gebot des effektiven Rechtsschutzes gilt ebenfalls für das Verfahren vor dem Bayerischen Verfassungsgerichtshof.

Eine Ausprägung dieses Gebots ist die Möglichkeit des einstweiligen Rechtsschutzes. Im Verfahren des vorläufigen Rechtsschutzes vor dem Verfassungsgerichtshof ist dann eine einstweilige Anordnung zu erlassen, wenn ohne sie schwere, anders nicht abwendbare Nachteile oder unbillige Härten entstünden, die auch nicht mehr durch die Entscheidung in der Hauptsache rückgängig gemacht werden könnten.

Der Fülle von Arbeiten, die sich mit dem Bayerischen Verfassungsgerichtshof und mit dem Verfahren des einstweiligen Rechtsschutzes vor dem Bundesverfassungsgericht beschäftigen, steht eine nur sporadische und lückenhafte Behandlung der einstweiligen Anordnung im Verfahren vor dem Bayerischen Verfassungsgerichtshof gegenüber. Die Aufgabe, diese Lücke zu schließen, hat sich vorliegende Dissertation gestellt.

---

[1] VerfGH 33, 98 (99); vgl. auch Meder, Art. 99 Rdnr. 6.
[2] Siehe zur Garantie der Effektivität des Rechtsschutzes BVerfGE 51, 268 (284); 46, 166 (177 f.); 35, 382 (401); 35, 263 (274).

Erster Teil
Geschichte, Gesetzeslage und rechtsvergleichende Einführung

§ 1 Geschichte des bayerischen Verfassungsprozesses

A. Die Verfassungsurkunde des Königreiches Baiern vom 26. Mai 1818

Die erste Positivierung verfassungsgerichtlichen Verfahrens ist in der Verfassungsurkunde des Königreiches Baiern vom 26. Mai 1813[3] zu finden[4].

I. Ministeranklage

Die königlichen Minister trugen die Verantwortung für die Gesetzmäßigkeit der Regierung des Staates[5]. Titel X § 6 der Verfassungsurkunde unterwarf dabei das Handeln der Minister der Nachprüfung durch ein unabhängiges Gericht[6]:

(1) Finden sich die Stände durch ihre Pflichten aufgefordert, gegen einen höheren Staatsbeamten wegen vorsetzlicher Verletzung der Staats-Verfassung eine förmliche Anklage zu stellen, so sind die Anklags-Puncte bestimmt zu bezeichnen, und in jeder Kammer durch einen besonderen Ausschuß zu prüfen.

(2) Vereinigen sich beyde Kammern hierauf in ihren Beschlüssen über die Anklage; so bringen sie dieselbe mit ihren Belegen in vorgeschriebener Form an den König. Dieser wird sie sodann der obersten Justiz-Stelle —

---

[3] GBl. Stück VII – XVIII, Sp. 101 – 452.
[4] Vgl. zur Entwicklung der Staatsgerichtsbarkeit in Bayern Streicher, FS VerfGH, S. 195 ff.
[5] Zur Ministerialverantwortlichkeit siehe Doeberl, S. 107 ff.; Pözl, S. 570 ff.; v. Seydel Bd. 2, S. 316 ff.; v. Seydel/Piloty, S. 346 ff.
[6] Vgl. Titel VIII § 3 VU 1818: "Die Gerichte sind innerhalb ihrer amtlichen Befugniß unabhängig."

in welcher im Falle der nothwendigen oder freywilligen Berufung auch die zweyte Instanz durch Anordnung eines anderen Senats gebildet wird — zur Entscheidung übergeben und die Stände von dem gefällten Urtheile in Kenntnis setzen.

Nachdem der Anklagebeschluß zum König gebracht wurde, war es dessen Aufgabe, den angeklagten Minister vom Amt zu suspendieren[7].

Kennt auch das Verfahren vor dem Bundesverfassungsgericht die Ministeranklage[8] nicht mehr[9], so hat diese ihren Platz in der Landesverfassungsgerichtsbarkeit[10] behauptet[11].

II. Verfassungsbeschwerde

Auch eine Verfassungsbeschwerde war in Titel VII § 21 VU 1818 bereits vorgesehen[12]. Die Beschwerde wurde an eine Kammer der Stände-Versammlung gebracht; falls sie von beiden Kammern begründet befunden worden war, ist der Antrag als eigene Beschwerde der Kammern dem König übergeben worden. Nach Titel X § 5 VU 1818 konnte der König der Beschwerde abhelfen; bei Zweifeln war sie der obersten Justizstelle[13] oder dem Staatsrathe

---

[7] So v. Seydel Bd. 2, S. 318; v. Seydel/Piloty, S. 347.
[8] Vgl. noch zur Ministeranklage Pözl, S. 573 ff.; v. Seydel Bd. 2, S. 316 ff.; v. Seydel/Piloty, S. 346 ff.
[9] In der Weimarer Reichsverfassung war die Ministeranklage noch in Art. 59 vorgesehen.
[10] Ausformungen der Ministeranklage im geltenden deutschen Verfassungsrecht: Art. 57 Verfassung des Landes Baden-Württemberg, Ministeranklage und Vorwurfskontrolle vor dem Staatsgerichtshof des Landes; Art. 59, 61 Verfassung des Freistaates Bayern, Ministeranklage vor dem Bayerischen Verfassungsgerichtshof; Art. 11 Landesverfassung der Freien Hansestadt Bremen, Anklage gegen Mitglieder des Senats vor dem Staatsgerichtshof des Landes; Art. 115 der Verfassung des Landes Hessen, Ministeranklage vor dem Staatsgerichtshof des Landes; Art. 31 der Vorläufigen Niedersächsischen Verfassung, Ministeranklage vor dem Staatsgerichtshof des Landes; Art. 135 Abs. 1 lit. e der Verfassung für Rheinland-Pfalz, Ministeranklage durch den Verfassungsgerichtshof des Landes; Art. 94 der Verfassung des Saarlandes, Ministeranklage vor dem Verfassungsgerichtshof des Landes.
[11] Vgl. zur Diskussion über die Notwendigkeit einer Ministeranklage Freund, Landesverfassungsgerichtsbarkeit Teilbd. 2, S. 307 (328 ff.); Kröger, S. 159 ff.
[12] Vgl. Pözl, S. 546 ff.; v. Seydel Bd. 2, S. 30 ff.; v. Seydel/Piloty, S. 230 ff.; Zur bayerischen Verfassungsbeschwerde im geschichtlichen Kontext siehe Hoke, Landesverfassungsgerichtsbarkeit Teilbd. 1, S. 25 (65); Huber Bd. 1, S. 623; Knöpfle, BayVBl. 1984, 257 (258); Schweiger in Nawiasky/Leusser/Schweiger/Zacher, Art. 60, Rdnr. 3; Schumann, Landesverfassungsgerichtsbarkeit Teilbd. 2, S. 149 (162 ff.).
[13] Also dem Oberappellationsgericht; nach Art. 42 Ausführungsgesetz vom 23. Februar 1879 zum Reichs-Gerichtsverfassungsgesetz, GVBl. S. 273 (284 f.) oberstes Landesgericht.

zuzuleiten[14]. Dabei war jedoch nur die Zuständigkeit des Staatsrathes von praktischer Bedeutung. Seine Kompetenz war auf die Überprüfung von Verwaltungshandeln beschränkt; er konnte jedoch keine Entscheidungen der Verwaltung, soweit sie rechtsprechender Natur waren, nachprüfen[15]. Die Frage, ob die Verfassungsbeschwerde überhaupt gegen gerichtliche Entscheidungen eingelegt werden konnte, war von den Verfassungsvätern offenbar nicht gesehen worden. Es setzte sich schließlich die Auffassung durch, daß eine Verfassungsbeschwerde nicht gegen richterliche Entscheidungen eingelegt werden könne[16].

B. Die Errichtung des Staatsgerichtshofs

Das Gesetz über die Ministerialverantwortlichkeit[17], das die Verantwortlichkeit der Minister auf alle schuldhaften Verletzungen der Staatsgesetze erstreckte[18], wurde durch das Gesetz den Staatsgerichtshof und das Verfahren bei Anklagen gegen Minister betreffend[19] ergänzt. War die Zuständigkeit bei der Entscheidung über die Ministeranklage bisher bei der obersten Justiz-Stelle[20], so wurde die Kompetenz durch Art. 1 dieses Gesetzes auf den neu zu bildenden Staatsgerichtshof übertragen; dies betraf jedoch nicht die Entscheidung bei der Verfassungsbeschwerde.

C. Die Verfassungsurkunde des Freistaates Bayern vom 14. August 1919

In der Verfassungsurkunde des Freistaates Bayern vom 14. August 1919[21] war in § 70 von vornherein ein Staatsgerichtshof vorgesehen.

---

[14] Vgl. v. Seydel Bd. 2, S. 49 ff.; v. Seydel/Piloty, S. 237 f.; Pözl, S. 547.
[15] Siehe v. Seydel Bd. 2, S. 42; v. Seydel/Piloty, S. 233; weitere Nachweise bei Schumann, Landesverfassungsgerichtsbarkeit Teilbd. 2, S. 166, Fn. 62 und 63.
[16] Vgl. v. Seydel Bd. 2, S. 41; v. Seydel/Piloty, S. 233; zur Problementwicklung siehe Schumann, Landesverfassungsgerichtsbarkeit Teilbd. 2, S. 164 ff.
[17] Vom 4. Juni 1848, GBl. S. 69.
[18] Siehe Doeberl, S. 107 f.; v. Seydel Bd. 2, S. 312 ff.; v. Seydel/Piloty, S. 343 ff.; Streicher, FS VerfGH, S. 195 (196 f.).
[19] Vom 20. März 1850, GBl. S. 134.
[20] Vgl. Fn. 13.
[21] GVBl. S. 531.

I. Aufgaben des Staatsgerichtshofs

Nach § 70 Abs. 1 VU 1919 war dem Staatsgerichtshof die Kompetenz für Ministeranklagen, Verfassungsbeschwerden und weitere Verfassungsstreitigkeiten zugewiesen[22]; dabei waren die Ministeranklage in § 56 Abs. 1 und die Verfassungsbeschwerde in § 93 Abs. 1 nochmals gesondert aufgeführt[23].

II. Kompetenz zum Erlaß einstweiliger Anordnungen

Im Zusammenhang mit dem erweiterten Betätigungsfeld des Staatsgerichtshofs stellte sich bald die Frage, ob dieser auch einstweilige Anordnungen[24] erlassen kann. Weder das Staatsgerichtshofgesetz[25] noch die Geschäftsordnung des Staatsgerichtshofs[26] trafen darüber eine Regelung[27]. Wegen fehlender gesetzlicher Grundlage[28] verneinte der Staatsgerichtshof seine Befugnis zum Erlaß einstweiliger Anordnungen[29]. In zwei weiteren Entscheidungen[30] ließ er seine Zuständigkeit dahingestellt, weil auf jeden Fall die Entscheidung in der Hauptsache im Verfahren des einstweiligen Rechtsschutzes nicht vorwegge-

---

[22] Vgl. zur Tätigkeit des bayerischen Staatsgerichtshofs Eiswaldt, S. 47 ff.
[23] Siehe dazu Kratzer, S. 195 ff.; Nawiasky, S. 451 ff.
[24] Die Bezeichnung von Maßnahmen des einstweiligen oder vorläufigen Rechtsschutzes war uneinheitlich, vgl. Rohmeyer, S. 15, Fn. 6. Der Begriff "einstweilige Anordnung" fand zuerst in den §§ 701, 712 des Entwurfs einer Prozeßordnung für den Norddeutschen Bund (Berlin 1869) Anwendung. Der Ausdruck "einstweilige Verfügung" ist zuerst in § 204 Abs. 2, § 205 der Allgemeinen Bürgerlichen Proceßordnung für das Königreich Hannover vom 4. Dezember 1847 (GS S. 383, 385) zu finden. Vorher findet man Bezeichnungen wie "vorsorgliche Verfügung" (v. Savigny, S. 462), "Vorsichtsverfügung" (Art. 605 der Bayerischen Prozeßordnung von 1869) und "Provisionalverfügung", "Provisorium" oder "Interimisticum" (vgl. Gönner, S. 294). Der Terminus "einstweilige Anordnung" hat sich inzwischen im Verfahren des einstweiligen Rechtsschutzes vor den Verfassungsgerichten weitgehend durchgesetzt; nur in Hessen spricht § 22 StGHG von "einstweiliger Verfügung", vgl. auch ESVGH Bd. 11/II, S. 24. In ESVGH Bd. 22, S. 136, nennt der Hessische Staatsgerichtshof seine Maßnahme im Tenor "einstweilige Anordnung", während er in den Gründen bei der in § 22 StGHG angeordneten Bezeichnung bleibt. In seiner bisher letzten Entscheidung des einstweiligen Rechtsschutzes (ESVGH Bd. 34, S. 8) ist nur von "einstweiliger Verfügung" die Rede.
[25] Vom 11. Juni 1920, GVBl. S. 323.
[26] Vom 15. Dezember 1930, GVBl. S. 395.
[27] Es wird auch nicht auf andere Prozeßordnungen verwiesen.
[28] Grundmann, DÖV 1960, 680 (681) nennt diese Begründung positivistisch.
[29] Vgl. Lammers-Simons III, S. 238.
[30] Siehe Lammers-Simons V, S. 227; S. 245.

nommen werden dürfe. Die Kompetenz zum Erlaß einstweiliger Anordnungen wurde auch vom Thüringischen Staatsgerichtshof verneint[31]; weitere Staatsgerichtshöfe der Länder haben sich mit dieser Frage nicht beschäftigt.

III. Exkurs:
Der Erlaß einstweiliger Anordnungen durch den Staatsgerichtshof des Reiches

1. Ausgangslage

Auch der Staatsgerichtshof des Reiches wurde mit der Frage der Zulässigkeit von einstweiligen Maßnahmen konfrontiert[32]. Zwischen den beiden Ländern Lübeck und Mecklenburg-Schwerin bestanden Meinungsverschiedenheiten über die Rechtsverhältnisse eines Teiles der Travemünder Bucht. Der Streit spitzte sich so zu, daß beide Länder ihren Polizeikräften durch Dienstanweisung befohlen haben, sich möglicher Gewalt mit Gewalt zu erwehren. Beide Parteien beantragten, den Zustand durch den Staatsgerichtshof des Reiches vorläufig zu regeln.

2. Stellungnahme in der Literatur

a) Ablehnende Stimmen

Die Befugnis des Staatsgerichtshofs, provisorische Maßnahmen zu erlassen, war zunächst den Bedenken ausgesetzt, daß dies nicht mehr als Rechtsprechung zu bezeichnen sei[33]; damit greife der Staatsgerichtshof in den Funktionsbereich anderer Staatsgewalten ein[34]. Dagegen hat sich der Staatsgerichtshof selbst gewandt; schließlich sei ein solcher Eingriff bei der Hauptsacheentschei-

---

[31] Vgl. Lammers-Simons III, S. 331.
[32] Vgl. Joël, AöR 77 (1951/52), S. 129 ff. (138).
[33] Friesenhahn, HDStR Bd. 2, S. 523 (544); Häntzschel, AöR NF 20 (1931), S. 384 (389 ff.); Poetzsch-Heffter, DJZ 1929, Sp. 1507 (1512); Schmitt, S. 32 f.; vgl. auch Becker, JW 1930, 11 (13).
[34] Häntzschel, AöR NF 20 (1931), S. 384 (390); Reich im Plädoyer StGH RGZ 129, 28* (30*).

dung auch gegeben, aber ein solcher Vorwurf werde dabei nicht erhoben[35]. Weiter wurde behauptet, der Staatsgerichtshof sei als Organ der Justiz gar nicht geeignet, zu überblicken und zu bestimmen, was erforderlich sei[36]. Schließlich wurde vorgebracht, daß eine Befugnis zum Erlaß provisorischer Maßnahmen nur dann gegeben sei, wenn sie durch Gesetz oder gesetzmäßige Verordnung zuerkannt sei[37]; auch wurden in der Geschäftsordnung des Staatsgerichtshofs[38] zahlreiche Vorschriften der Zivilprozeßordnung und des Gerichtsverfassungsgesetzes für anwendbar erklärt, jedoch nicht die Vorschriften über einstweilige Verfügungen in den §§ 935 ff. ZPO[39].

b) Einschränkende Stimmen

Schüle vertrat einen differenzierenden Standpunkt und hielt eine provisorische Regelung auf jeden Fall bei Verfassungsstreitigkeiten eines Landes[40] und bei bundesstaatlichen Streitigkeiten wie Reichsaufsicht und Reichsexekution[41] für unzulässig.

c) Bejahende Stimmen

Bei den bejahenden Stimmen ist zunächst die positivistisch arbeitende Richtung zu nennen; danach enthalte die Befugnis zur Endentscheidung auch das Recht, über den Streitstand erforderlichenfalls schon vorher provisorisch zu befinden[42]. Zudem sei die Befugnis zum Erlaß einstweiliger Maßnahmen weder nach dem Staatsgerichtshofgesetz[43] noch nach der Geschäftsordnung[44] verboten[45], so daß in diesem Fall der Staatsgerichtshof von seinem Recht, ergänzend sein Verfahrensrecht nach eigenem Gutdünken zu regeln, Gebrauch ma-

---

[35] StGH RGZ 129, 28* (31*).
[36] Jahn, JW 1930, 1160 (1162); Reich im Plädoyer RGZ 129, 28* (30*).
[37] Vgl. Löwenthal, RuPrVBl. 51 (1930), S. 747 (748).
[38] Vom 20. September 1921, RGBl. I, S. 1535.
[39] Vgl. Merkel, S. 10; doch nach Merk, AöR NF 19 (1930), S. 83 (109) stand dies einer entsprechenden Anwendung nicht entgegen.
[40] Siehe Schüle, S. 75 ff.
[41] Vgl. Schüle, S. 79 ff.
[42] Lammers, JW 1926, 374 (377); Merk, AöR NF 19 (1930), S. 83 (109).
[43] Vom 9. Juli 1921, RGBl. I, S. 905.
[44] Siehe oben Fn. 38.
[45] Lammers, JW 1926, 374 (377); Glum, ZaöRV 1929, 458 (470); Flad, S. 113.

chen könne⁴⁶. Auch die rechtsanaloge Anwendung von Bestimmungen der Zivilprozeßordnung⁴⁷ und der internationalen Gerichtsbarkeit⁴⁸ wurden für die Zulässigkeit einer einstweiligen Maßnahme in das Feld geführt. Simons meinte, soweit der Staatsgerichtshof nicht nur einen Rechtssatz auszusprechen habe, sondern eine Leistung anzuordnen habe oder zwischen den Parteien streitige Rechtsverhältnisse endgültig zu ordnen habe, sei es eine der Gerichtsgewalt immanente Befugnis, künftige Entscheidungen zu sichern und in der Zwischenzeit Willkürakte auszuschließen⁴⁹. Schließlich argumentierte Ritter, es sei Aufgabe der Verfassungsrechtspflege, den Rechtsfrieden im glied- und innerstaatlichen Verfassungsleben zu sichern⁵⁰.

3. Die Rechtsprechung des Staatsgerichtshofs des Reiches

Der Staatsgerichtshof erließ im Streit zwischen Lübeck und Mecklenburg-Schwerin eine einstweilige Verfügung⁵¹. Er vertrat die Auffassung, da die Parteien seiner Gerichtsbarkeit in der Weise unterworfen seien, daß ein von ihm angeordneter Zustand für die Dauer zwangsweise herbeigeführt werden könne, sei nicht einzusehen, warum er nicht zu einer vorläufigen Regelung befugt sein solle, wenn sie aus besonderen Gründen erforderlich sei; einer ausdrücklichen Ermächtigung bedürfe es dabei nicht. Außerdem liege nichts dafür vor, daß eine vorläufige Regelung ausgeschlossen sei. Wegen der nur punktuellen Regelung des Verfahrens stehe eine solche Frage im Ermessen des Staatsgerichtshofs.

Es wurde noch eine weitere einstweilige Verfügung erlassen. Der Streit betraf die Feststellung der Verfassungswidrigkeit des Gesetzes über die Änderung des Gesetzes über den Eintritt der Freistaaten Württemberg, Bayern und Baden zur Biersteuergemeinschaft. Dieses Gesetz wurde für ungültig erklärt, so daß im Verhältnis des Reiches zu den süddeutschen Ländern eine Lücke vorhanden war, die in vorläufigen Formen aufgefüllt werden mußte, damit nicht die Finanzen des Reiches sowie die der süddeutschen Länder in

---

⁴⁶ Vgl. Lammers, JW 1926, 374 (377); Flad, S. 112 f.
⁴⁷ Giese, DJZ 1929, Sp. 129 (132); Glum, ZaöRV 1929, 458 (469 f.); Heinsheimer, JW 1926, Sp. 378 (379); Jerusalem, S. 184; Merk, AöR NF 19 (1930), S. 83 (109).
⁴⁸ Heinsheimer, JW 1926, Sp. 378 f.
⁴⁹ Simons, HDStR II, S. 737 (740).
⁵⁰ Ritter, S. 65.
⁵¹ Siehe oben S. 7; StGH RGZ 111, 21* f. = Lammers-Simons I, S. 212 ff.

Unordnung geraten. Somit wurde dem Antrag des Reiches auf Erlaß einer entsprechenden einstweiligen Verfügung stattgegeben[52].

In drei weiteren Fällen beschäftigte sich der Staatsgerichtshof mit Anträgen auf Erlaß einer einstweiligen Verfügung, lehnte deren Erlaß dann aber jeweils ab. Es handelte sich dabei um einen Streit über Polizeikosten[53], um die Beteiligung von preußischen Beamten am Volksbegehren über das "Freiheitsgesetz"[54] und um eine Umgemeindung[55].

---

[52] StGH RGZ 122, 18* ff. = Lammers-Simons I, S. 156 ff.
[53] Vgl. dazu StGH RGZ 129, 28*; Häntzschel, AöR NF 20 (1931), S. 384 ff.; Koellreutter, AöR 20 (1931), S. 68 ff.
[54] StGH Lammers-Simons II, S. 72.
[55] StGH Lammers-Simons II, S. 98; dabei stellte der Staatsgerichtshof klar, daß er die Verfassungsmäßigkeit noch nicht verkündeter Gesetze nicht überprüfen könne, und zwar auch nicht im Wege einer einstweiligen Verfügung.

§ 2 Rechtsgrundlagen zum Erlaß einstweiliger Anordnungen im Verfassungsprozeßrecht der Bundesrepublik Deutschland

Die Bundesrepublik Deutschland ist ein betont föderativ gestalteter Staat, bei dem die Verfassungsräume des Bundes und der Länder selbständig nebeneinander stehen[56]. So blieb die gliedstaatliche Verfassungsgerichtsbarkeit auch nach der Gründung der Bundesrepublik Deutschland und nach Errichtung des Bundesverfassungsgerichts bestehen[57].

Aus dem Nebeneinander von Bundesverfassungsgericht und Länderverfassungsgerichten ergeben sich Überschneidungen[58] und Einwirkungen der Gerichte untereinander[59]. Eine Untersuchung über den Erlaß einstweiliger Anordnungen im bayerischen Verfassungsprozeß wäre unvollständig, wenn man nicht auch die Rechtsgrundlagen im Bund und in den anderen Ländern berücksichtigen würde. Der Bayerische Verfassungsgerichtshof behandelt genauso Entscheidungen des Bundesverfassungsgerichts[60] und der Länderverfassungsgerichte[61] im Verfahren des einstweiligen Rechtsschutzes wie andere Verfassungsgerichte auf dessen Rechtsprechung Bezug nehmen[62].

---

[56] Vgl. VerfGH 20, 87 (91); BVerfGE 4, 178 (189); 6, 376 (381 f.); 22, 267 (270 ff.); siehe auch Grawert, NJW 1987, 2329 ff.; Hufen, BayVBl. 1987, 513 ff.
[57] Siehe dazu Bothe, Landesverfassungsgerichtsbarkeit Teilbd. 1, S. 403 ff.; Leisner, FS VerfGH, S. 183 ff.
[58] Vgl. Bauer, S. 4 ff.; Friesenhahn, FG BVerfG Bd. 1, S. 748 ff.; Stern, BayVBl. 1976, 547 ff.
[59] Siehe Bethge, BayVBl. 1985, 257 (261); Geiger, FS Laforet, S. 251 ff.; v. Hammerstein, S. 1 ff.; Schumann, FS VerfGH, S. 281 ff.
[60] So VerfGH 10, 54 (55); 15, 80 (81 ff.); 16, 53 (54 f.); 18, 50; 22, 127 (128 f.); 25, 83 (87 ff.), 92 (95); 26, 101 (108 ff.), 141 (143 f.); 31, 33 (40 ff.); 33, 111 (123 f., 126); 34, 196 (197 f.); 35, 82 (87), 105 (118); 36, 192 (194 f.), 211 (213); 38, 38 (40 f.).
[61] VerfGH 10, 54 (55) auf den rheinland-pfälzischen Verfassungsgerichtshof; 25, 83 (91) auf den nordrhein-westfälischen Verfassungsgerichtshof; 36, 211 (213) auf den hessischen Staatsgerichtshof.
[62] So z.B. der VerfGH Rheinland-Pfalz AS 2, S. 271 (273) und der saarländische VerfGH, DÖV 1987, 394 (395).

A. Bayern

I. Verfassung

Die Verfassung des Freistaates Bayern vom 2. Dezember 1946[63] enthält eine Regelung bezüglich vorläufigen Rechtsschutzes. Art. 48 Abs. 3 BV ermächtigt den Verfassungsgerichtshof bei Beschwerden gegen Maßnahmen, die auf Grund von Art. 48 Abs. 1 BV getroffen wurden, wenigstens vorläufig zu entscheiden[64]. Um die Bedeutung dieses Rechtsbehelfs richtig einschätzen zu können, ist zunächst die Ermächtigung in Art. 48 Abs. 1 BV näher zu untersuchen[65]. Durch sie wird die Staatsregierung ermächtigt, bestimmte Grundrechte durch Rechtsverordnung[66] einzuschränken oder aufzuheben.

Durch das Grundgesetz[67] hat dieses Notverordnungsrecht jedoch erheblich an Bedeutung verloren[68]. Soweit die nach Art. 48 Abs. 1 BV einschränkbaren oder aufhebbaren Grundrechte, die gem. Art. 142 GG neben den Grundrechten des Grundgesetzes weitergelten[69], durch das Grundgesetz ohne Gesetzesvorbehalt gewährt werden, muß Art. 48 Abs. 1 BV insoweit gem. Art. 31 GG weichen[70]; so können Versammlungen in geschlossenen Räumen nur durch verfassungsunmittelbare Vorbehalte beschränkt werden. Für die Art. 110, 111 und 112 BV und für Versammlungen unter freiem Himmel nach Art. 113 BV ergeben sich daraus wegen der in Art. 5 Abs. 2, Art. 10 Abs. 2 S. 1 und Art. 8 Abs. 2 GG enthaltenen Gesetzesvorbehaltes keine Einschränkungen[71].

---

[63] BayRS 100-1-S; GVBl. S. 333.
[64] Trotz Art. 66 BV, der Art. 48 Abs. 3 BV zusammen mit der Verfassungsbeschwerde nach Art. 120 BV erwähnt, handelt es sich wegen der Rechtsnatur des angegriffenen Aktes um eine Popularklage besonderer Art, vgl. Schweiger in Nawiasky/Leusser/Schweiger/Zacher, Art. 48 Rdnr. 8, ebenso Tröger, BayVBl. 1969, 414 (418); a.A. Meder, Art. 48 Rdnr. 3 unter Berufung auf Art. 66 BV.
[65] Siehe allgemein zu Notmaßnahmen nach dem geltenden Recht Junker, BayVBl. 1960, 33 ff.
[66] So Meder, Art. 48 Rdnr. 1; Schweiger in Nawiasky/Leusser/Schweiger/Zacher, Art. 48 Rdnr. 5; bei Verletzung durch behördliche Einzelmaßnahmen, die auf Grund einer solchen Notverordnung ergehen, ist die Verfassungsbeschwerde nach Art. 120 BV der richtige Rechtsbehelf, vgl. Meder, Art. 48 Rdnr. 4.
[67] Art. 31 GG.
[68] Vgl. Junker, BayVBl. 1960, 33 (36); Meder, Art. 48 Rdnr. 1; Schumann, FS VerfGH, S. 281 (292); Zacher, JöR NF 15 (1966), S. 321 (359).
[69] Vgl. Domcke, FS VerfGH, S. 311 ff.; Herzog in Maunz/Dürig, Art. 142 Rdnr. 4 ff.; Kratzer, FS Laforet, S. 107 ff.; Tilch, Landesverfassungsgerichtsbarkeit Teilbd. 1, S. 551 ff.
[70] Schweiger in Nawiasky/Leusser/Schweiger/Zacher, Art. 48 Rdnr. 3.
[71] Vgl. Schweiger in Nawiaky/Leusser/Schweiger/Zacher, Art. 48 Rdnr. 4.

Ferner gehen auch einfache Bundesgesetze, die Ausübung sowie Art und Maß etwaiger Beschränkungen dieser Grundrechte regeln, dem Art. 48 Abs. 1 BV vor[72]. Außerdem sind nach Art. 19 Abs. 2 GG nur solche Grundrechtseinschränkungen zulässig, die diese nicht in ihrem Wesensgehalt antasten. Somit scheidet die in Art. 48 Abs. 1 BV vorgesehene Aufhebung von Grundrechten aus[73]; Einschränkungen bleiben jedoch in dem oben abgesteckten Rahmen möglich[74].

Der Verfassungsgerichtshof hat sich erst einmal mit einer — allerdings unzulässigen — Beschwerde nach Art. 48 Abs. 3 BV beschäftigen müssen[75]. Somit kam der Möglichkeit des einstweiligen Rechtsschutzes nach Art. 48 Abs. 3 BV bisher keine Bedeutung zu.

II. Verfassungsgerichtshofgesetz

Das auf Grund von Art. 69 BV erlassene Gesetz über den Verfassungsgerichtshof vom 26. Oktober 1962[76] trifft in den Art. 12 bis 23 Regelungen bezüglich des allgemeinen Verfahrens; der Erlaß einstweiliger Anordnungen ist indes nicht vorgesehen.

III. Geschäftsordnung des Verfassungsgerichtshofs

Weitere Regelungen, die das Verfahren betreffen, enthält die Geschäftsordnung des Verfassungsgerichtshofs, die dieser sich nach Art. 23 VfGHG gegeben hat. Der Gesetzgeber hat auf Regelung von Einzelheiten verzichtet; dies hatte die Folge, daß so dem Verfassungsgerichtshof die Möglichkeit gegeben war, sein Verfahren selbst zu gestalten[77]. Allerdings bedarf die Geschäftsordnung, die vom Präsidenten gegeben wird, nach Art. 23 S. 2 VfGHG der Genehmigung des Landtags.

---

[72] Z.B. das Versammlungsgesetz vom 24. Juli 1953, (BGBl. I, S. 684); vgl. Meder, Art. 48, Rdnr. 1; Schweiger in Nawiasky/Leusser/Schweiger/Zacher, Art. 48 Rdnr. 4.
[73] Siehe Kratzer, FS Laforet, S. 107 (119); Meder, Art. 48 Rdnr. 1; Schweiger in Nawiasky/Leusser/Schweiger/Zacher, Art. 48 Rdnr. 4.
[74] Das Notverordnungsrecht ist also nicht gänzlich hinfällig geworden; so aber Friesenhahn, FG BVerfG Bd. 1, S. 748 (774).
[75] Vgl. VerfGH 7, 83.
[76] BayRS 1103-1-S; GVBl. S. 267.
[77] Vgl. Kolb, BayVBl. 1957, 266 (270).

§ 2 Rechtsgrundlagen

1. Die Geschäftsordnung vom 24. Mai 1948

Auch die Geschäftsordnung gibt nicht ausdrücklich die Befugnis zum Erlaß einstweiliger Anordnungen, aber der Verfassungsgerichtshof hat schon in einer sehr frühen Entscheidung[78] in einem Verfassungsbeschwerdeverfahren seine diesbezügliche Kompetenz aus § 26 GeschO[79] hergeleitet; diese Vorschrift verwies ergänzend auf das Gesetz über die Verwaltungsgerichtsbarkeit[80] und die Zivilprozeßordnung. In § 53 Abs. 3 VGG erhielt das Verwaltungsgericht die Befugnis zur Aussetzung der Vollziehung eines angefochtenen Verwaltungsaktes, dessen Vollziehung nach § 53 Abs. 1 S. 1 VGG angeordnet wurde[81]. In entsprechender Anwendung dieser Vorschrift hielt der Verfassungsgerichtshof seine Kompetenz zum Erlaß einstweiliger Anordnungen gegeben[82]. Im Popularklageverfahren wurde § 940 ZPO entsprechend zur Anwendung gebracht[83], als von einem Antragsteller einstweiliger Rechtsschutz begehrt wurde.

Nach dem Erlaß der Verwaltungsgerichtsordnung am 21. Januar 1960[84] entnahm nun der Verfassungsgerichtshof seine Kompetenz aus deren § 123[85].

2. Die Geschäftsordnung vom 15. Juli 1963

Die Geschäftsordnung des Verfassungsgerichtshofs vom 15. Juli 1963[86] verweist in § 26 auf die Vorschriften der VwGO, ergänzend auf die der ZPO.

Im Popularklageverfahren zieht der Verfassungsgerichtshof § 47 Abs. 7, § 123 VwGO beim Erlaß einstweiliger Anordnungen heran[87]. Bei der Verfassungsbeschwerde stützt er sich im Verfahren des einstweiligen Rechtsschutzes auf § 123 Abs. 1, § 80 Abs. 5 VwGO[88]; auch § 572 Abs. 3 ZPO findet

---

[78] VerfGH 4, 21 (25).
[79] Vom 24. Mai 1948, GVBl. S. 121.
[80] VGG, BayBS I, S. 147 ff.
[81] Diese Vorschrift ist dem heutigen § 80 Abs. 5 VwGO vergleichbar.
[82] VerfGH 4, 21.
[83] VerfGH 8, 33; 10, 54.
[84] BGBl. I, S. 17.
[85] Nachdem die Verweisung in der Geschäftsordnung am 15. Juni 1962 (GVBl. S. 110) entsprechend geändert wurde; vgl. VerfGH 15, 80 (81).
[86] BayRS 1103-1-1; GVBl. S. 151, geändert durch Bek. vom 18. Februar 1966, GVBl. S. 159.
[87] St. Rspr., zuletzt VerfGH 36, 192 (194).
[88] St. Rspr., zuletzt VerfGH 38, 38 (40).

neuerdings dabei Anwendung[89]. Bei Verfassungsstreitigkeiten nach Art. 64 BV wird ebenfalls auf § 47 Abs. 7, § 123 Abs. 1 VwGO zurückgegriffen, wenn es um den Erlaß einstweiliger Anordnungen geht[90].

IV. Erlaß ohne positive Rechtsgrundlage

In seiner ersten veröffentlichten Entscheidung[91] nimmt der Verfassungsgerichtshof seine Zuständigkeit zum Erlaß einer einstweiligen Anordnung im Wahlprüfungsverfahren an. Ohne auf eine mögliche Rechtsgrundlage einzugehen[92], sah er sich dann zum Erlaß befugt, wenn er in der Sache endgültig zur Entscheidung berufen war, in der Sache selbst aber noch nicht entschieden werden konnte und ein Bedürfnis zu einer einstweiligen Regelung bestand.

B. Bund

Mit einer Reihe von Vorschriften in Grundgesetz, Bundesverfassungsgerichtsgesetz und Wahlprüfungsgesetz wurde der alte Streit[93] über die Zulässigkeit von einstweiligen Anordnungen im Verfassungsprozeß beendet; nahm auch schon der Staatsgerichtshof der Weimarer Zeit deren Zulässigkeit an[94], so judiziert nun das Bundesverfassungsgericht auf bestimmter gesetzlicher Grundlage[95].

---

[89] Vgl. VerfGH 38, 38 (40).
[90] St. Rspr., zuletzt VerfGH 35, 105 (114).
[91] VerfGH 1, 1.
[92] Die Entscheidung ist am 22. September 1947 und somit vor Erlaß der ersten Geschäftsordnung (siehe oben S. 14) ergangen.
[93] Siehe oben S. 20 ff.
[94] Siehe oben S. 22 f.
[95] Vgl. zur einstweiligen Anordnung im Verfahren vor dem Bundesverfassungsgericht Erichsen, FG BVerfG Bd. 1, S. 170 ff.; Förster, S. 47 ff.; Friesenhahn, S. 106 ff.; Fuß, DÖV 1959, 201 ff.; Granderath, NJW 1971, 542 ff.; Grundmann, DVBl. 1959, 875 ff.; Grunsky, JuS 1977, 217 ff.; Helfferich, S. 1 ff.; Karpen, JuS 1984, 455 ff.; Klein, JZ 1966, 461 ff.; Leipold, S. 30 ff.; Lemke, S. 16 ff.; Löwer, Handbuch des Staatsrechts der Bundesrepublik Deutschland Bd. 2, S. 737 (843 ff.); Merkel, S. 1 ff.; Pestalozza, S. 182 ff.; Schlaich, S. 194 ff.; Schlitzberger, JR 1965, 404 ff.; Tüttenberg, S. 41 ff.; Ule, FS Maunz, S. 395 ff.; speziell zur einstweiligen Anordnung bei der Verfassungsbeschwerde Gusy, S. 187 ff.; Pfeiffer, S. 279 ff.; Zuck, NStZ 1985, 241 ff.; ders., S. 353 ff.

I. Grundgesetz

Das Grundgesetz selbst trifft nur in Art. 61 Abs. 2 S. 2 eine Regelung bezüglich einstweiliger Anordnungen; im Anklageverfahren gegen den Bundespräsidenten kann das Bundesverfassungsgericht durch einstweilige Anordnung bestimmen, "daß er an der Ausübung seines Amtes verhindert ist"[96].

II. Bundesverfassungsgerichtsgesetz

1. Die allgemeine Regelung des § 32 BVerfGG

In § 32 BVerfGG wird die einstweilige Anordnung allgemein normiert; zugleich erfährt sie darin eine umfassende Regelung. Nach der Stellung im II. Teil des Gesetzes, der die allgemeinen Verfahrensvorschriften enthält, können einstweilige Anordnungen in jedem Verfahren erlassen werden[97]. Dabei bedeutet die Verwendung des Wortes "kann" in § 32 BVerfGG die hervorhebende Zuweisung einer Kompetenz und nicht die Statuierung einer Ermessensvorschrift[98]. Die Zulässigkeit eines Antrags auf Erlaß einer einstweiligen Anordnung hängt nicht davon ab, ob der Streit bereits anhängig ist; auch vor diesem Zeitpunkt kann eine einstweilige Anordnung erlassen werden[99]. Eine Maßnahme nach § 32 BVerfGG kann schließlich ohne Antrag, also von Amts wegen ergehen[100].

---

[96] Siehe Herzog in Maunz/Dürig, Art. 61 Rdnr. 8.
[97] Siehe BVerfGE 1, 1 ff., 74 ff., 85 ff., 281 ff., 349 ff.; 2, 103 ff.; 3, 41 ff., 52 ff., 267 ff.; 4, 110 ff.; 6, 1 ff.; 7, 86 f., 175 ff., 367 ff., 374 ff.; 8, 42 ff., 102 f.; 11, 102 ff., 306 ff.; 12, 36 ff.; 16, 220 (226); 24, 68 (72). Vgl. ferner Fuß, DÖV 1959, 201; Klein in Maunz/ Schmidt-Bleibtreu/Klein/Ulsamer, § 32 Rdnr. 2; Lechner, § 32, zu Abs. 1 Anm. 3; Leibholz/Rupprecht, § 32 Rdnr. 2.
[98] Erichsen, FG BVerfG Bd. 1, S. 170 (172 f.); Klein in Maunz/Schmidt-Bleibtreu/Klein/Ulsamer, § 32 Rdnr. 2; a.A. Tüttenberg, S. 100.
[99] Geiger, § 32 Anm. 4; Klein in Maunz/Schmidt-Bleibtreu/Klein/Ulsamer, § 32 Rdnr. 12; Lechner, § 32, zu Abs. 1 Anm. 3b; Leibholz/Rupprecht, § 32 Rdnr. 4.
[100] Vgl. BVerfGE 1, 281 (283); Geiger, § 32 Anm. 5; Klein in Maunz/Schmidt-Bleibtreu/Klein/Ulsamer, § 32 Rdnr. 26; Lechner, § 32, zu Abs. 1 Anm. 3b a.E.

2. Die Spezialvorschriften im BVerfGG

Das Bundesverfassungsgerichtsgesetz enthält darüberhinaus Sonderregelungen. § 53 BVerfGG gibt die Befugnis zur einstweiligen Anordnung bei der Präsidentenanklage. In Art. 61 Abs. 2 S. 2 GG sind jedoch bereits Zulässigkeit, Voraussetzungen und Rechtsfolgen dieser Anordnung festgelegt, so daß der allgemeine § 32 BVerfGG nicht einschlägig ist[101].

Die Möglichkeit einer einstweiligen Anordnung im Verfahren der Richteranklage, die sich in Art. 92 GG findet, erfährt durch die Verweisung in § 58 BVerfGG auf § 53 BVerfGG die gleiche Regelung wie bei der Präsidentenanklage. So ergibt sich hier nichts Neues, obwohl Art. 98 Abs. 2 GG keine dem Art. 61 Abs. 2 S. 2 GG entsprechende Regelung bezüglich vorläufiger Maßnahmen enthält[102].

In § 105 Abs. 5 BVerfGG findet die vorläufige Amtsenthebung von Bundesverfassungsrichtern ihre Grundlage. Die Amtsenthebung dauert bis zur Beendigung des Verfahrens an, wenn die Maßnahme nicht vorher aufgehoben wird; somit findet § 32 Abs. 5 BVerfGG, wie der gesamte § 32 BVerfGG, keine Anwendung[103].

III. Wahlprüfungsgesetz

Die Zuständigkeit bei Beschwerden gegen Entscheidungen des Bundestages im Wahlprüfungsverfahren liegt nach Art. 41 Abs. 2 GG, § 13 Nr. 3, § 48 BVerfGG beim Bundesverfassungsgericht. Das im Wahlprüfungsgesetz näher geregelte Verfahren sieht in § 16 Abs. 3 WahlprüfG die Möglichkeit des Erlasses einer einstweiligen Anordnung durch das Bundesverfassungsgericht vor.

---

[101] Vgl. Geiger, § 53 Anm. 3; Maunz in Maunz/Schmidt-Bleibtreu/Klein/Ulsamer, § 53 Rdnr. 1 f.; Lechner, § 53; Leibholz/Rupprecht, § 53.
[102] Siehe Lechner, § 58, zu Abs. 1 Anm. 2.
[103] So auch Geiger, § 105 Anm. 5b; Lechner, § 105, zu Abs. 5.

C. Übrige Bundesländer

In den übrigen Ländern der Bundesrepublik bestehen folgende Regelungen, die die Gewährung vorläufigen Rechtsschutzes[104] durch die Landesverfassungsgerichte[105] betreffen.

I. Baden-Württemberg[106]

Die Verfassung des Landes Baden-Württemberg[107] sieht in Art. 57 Abs. 2 S. 3 eine einstweilige Regelung bei der Ministeranklage vor.

Ansonsten bestimmt § 25 des Gesetzes über den Staatsgerichtshof[108] bezüglich einstweiliger Anordnungen:

(1) Der Staatsgerichtshof kann, wenn es zur Abwehr schwerer Nachteile, zur Verhinderung drohender Gewalt oder aus einem anderen wichtigen Grunde zum gemeinen Wohl dringend geboten ist, in einem anhängigen Verfahren einen Zustand durch einstweilige Anordnung vorläufig regeln.

(2) Die einstweilige Anordnung kann ohne mündliche Verhandlung ergehen. Der Antragsgegner ist vor Erlaß der einstweiligen Anordnung, soweit deren Zweck dadurch nicht gefährdet wird, zu hören. Wird Widerspruch erhoben, so ergeht die Entscheidung nach mündlicher Verhandlung durch Urteil.

Ein Antrag ist nicht notwendig; einstweilige Anordnungen können auch von Amts wegen erlassen werden[109].

---

[104] Zum einstweiligen Rechtsschutz im Landesverfassungsverfahren vgl. Lemke, S. 25 ff.; Schuppert, Landesverfassungsgerichtsbarkeit Teilbd. 2, S. 347 ff.; Tüttenberg, S. 189 ff.

[105] Vgl. dazu die umfassende Erörterung Landesverfassungsgerichtsbarkeit, 3 Teilbände, herausgegeben von Starck; siehe auch Heyde/Gielen, S. 52 ff.; Bethge, BayVBl. 1985, 257 (261 ff.); nach Verfahrensarten geordnet bei Juhle, S. 1 ff.; zur Rechtsprechung Bachof/Jesch, JöR NF 6 (1957), S. 47 ff.

[106] Zur Verfassungsgerichtsbarkeit von Baden-Württemberg siehe Bachof, FS Klein, S. 1 ff.; Braun, Art. 68 Rdnr. 1 ff.; Maurer in Feuchte, Art. 68 Rdnr. 1 ff.; Pestalozza, S. 189 ff. mit weiteren Nachweisen.

[107] Vom 11. November 1953, GBl. S. 173, zuletzt geändert durch Gesetz vom 14. Mai 1984, GBl. S. 301.

[108] Vom 13. Dezember 1954, GBl. S. 173, zuletzt geändert durch Gesetz vom 14. Mai 1984, GBl. S. 301.

[109] StGH ESVGH 25, 31 f.; siehe ferner zur einstweiligen Anordnung Braun, Art. 68 Rdnr. 32 ff.; Maurer in Feuchte, Art. 68 Rdnr. 82 ff.; Pestalozza, S. 209; Schuppert, Landesverfassungsgerichtsbarkeit Teilbd. 2, S. 347 (349 ff.).

II. Berlin

In der Verfassung von Berlin vom 1. September 1950[110] ist in Art. 72 die Errichtung eines Verfassungsgerichtshofs vorgesehen. Jedoch ist Art. 72 VvB durch Art. 87a VvB ausdrücklich suspendiert[111], so daß mangels Institutionalisierung und somit fehlenden Verfahrens auch kein einstweiliger Rechtsschutz im Landesverfassungsprozeß gegeben ist. Eine andere Frage stellt dar, ob und inwieweit das Bundesverfassungsgericht Zuständigkeiten in Berlin besitzt[112] und dabei einstweilige Anordnungen erlassen kann[113]; dies ist jedoch dann keine Frage der Landesverfassungsgerichtsbarkeit.

III. Bremen[114]

Der Staatsgerichtshof regelt nach § 6 Abs. 1 des Staatsgerichtshofgesetzes[115] "selbst sein Verfahren in Anlehnung an die deutschen Prozeßordnungen". Aufgrund dieser Bestimmung gab sich der Staatsgerichtshof eine Verfahrensordnung[116]; als vorläufige Maßnahme ist nach § 19 S. 2 dieser Verfahrensordnung nur vorgesehen, daß bei der Beschwerde gegen die außerhalb der mündlichen Verhandlung ergangenen Entscheidungen die Vollziehung einstweilen ausgesetzt werden kann. Weitere Bestimmungen zum Verfahren beim einstweiligen Rechtsschutz enthält die Verfahrensordnung nicht, so daß über die Verweisung in ihrem § 1 die Vorschriften des Gesetzes über die Verwaltungsgerichtsbarkeit entsprechend zur Anwendung kommen[117]. Nach Inkraft-

---

[110] VOBl. S. 433, zuletzt geändert durch Gesetz vom 17. Dezember 1988, GVBl. S. 2324.

[111] Vgl. Pfennig in Pfennig/Neumann, Art. 72 Rdnr. 1 ff.; zum Ringen um ein Verfassungsgericht für Berlin siehe Pestalozza, Landesverfassungsgerichtsbarkeit Teilbd. 1, S. 183 ff.

[112] Zu berlinbedingten Grenzen der Jurisdiktionsgewalt des Bundesverfassungsgerichts siehe Lerche, FG BVerfG Bd. 1, S. 715 (732 ff.); vgl. auch Ziekow, Berliner Anwaltsblatt 1987, 43 ff.

[113] Vgl. dazu Apell, S. 77 f.; Lemke, S. 138 ff.

[114] Zur bremischen Verfassungsgerichtsbarkeit vgl. Koch, S. 1 ff.; Pestalozza, S. 264 ff. mit weiteren Nachweisen.

[115] Vom 21. Juni 1949, GBl. S. 141, zuletzt geändert durch Gesetz vom 2. Juni 1970, GBl. S. 61.

[116] Verfahrensordnung des Staatsgerichtshofes der Freien Hansestadt Bremen vom 17. März 1956, GBl. S. 35.

[117] Vom 5. August 1947, GBl. S. 171.

treten der VwGO ist deren § 123 anzuwenden[118], wovon auch der Staatsgerichtshof in dem bisher einzigen Fall ausgegangen ist[119].

IV. Hamburg[120]

Für den hamburgischen Verfassungsprozeß heißt es in § 35 VerfGG[121] bei einstweiligen Anordnungen[122]:

(1) Das Verfassungsgericht kann in einem anhängigen Verfahren einen Zustand durch einstweilige Anordnung auch ohne mündliche Verhandlung vorläufig regeln, wenn dies zur Abwehr schwerer Nachteile, zur Verhinderung drohender Gefahr oder aus einem anderen wichtigen Grunde geboten ist. Über den Antrag kann ohne mündliche Verhandlung entschieden werden; geschieht dies, so ergeht die Entscheidung als Beschluß.

(2) Gegen den Beschluß nach Abs. 1 Satz 2 kann Widerspruch eingelegt werden. Über den Widerspruch entscheidet das Verfassungsgericht nach mündlicher Verhandlung. Diese soll innerhalb von zwei Wochen nach dem Eingang der Begründung des Widerspruchs stattfinden.

(3) Der Widerspruch gegen die einstweilige Anordnung hat keine aufschiebende Wirkung. Das Verfassungsgericht kann die Vollziehung der einstweiligen Anordnung aussetzen.

(4) Die einstweilige Anordnung tritt mit Beendigung des Verfahrens, spätestens nach 3 Monaten außer Kraft. Sie kann mit einer Mehrheit von zwei Dritteln der Stimmen wiederholt werden.

Aus § 35 Abs. 1 S. 2 VerfGG geht hervor, daß die einstweilige Anordnung grundsätzlich nur auf Antrag ergeht; bei der Anklage gegen Mitglieder des Rechnungshofes nach Art. 71 Abs. 3 S. 2 der Verfassung der Freien und Hansestadt Hamburg[123] kann sie jedoch von Amts wegen erlassen werden.

---

[118] So auch Koch, S. 166.
[119] BrStGH Entscheidungssammlung 1977-1979, S. 16a; vgl. zur einstweiligen Anordnung auch Pestalozza, S. 289; Schuppert, Landesverfassungsgerichtsbarkeit Teilbd. 2, S. 347 (369 f.).
[120] Zum hamburgischen Verfassungsprozeß vgl. Albers, FS Reimers, S. 349 ff.; Pestalozza, S. 289 ff.; Plambeck, HambStVwR, S. 63 (64 ff.); Stiebeler, JöR NF 35 (1986), S. 229 ff. mit weiteren Nachweisen.
[121] Vom 23. März 1982, GVBl. I, S. 59.
[122] Vgl. zur einstweiligen Anordnung Pestalozza, S. 318 f.; Schuppert, Landesverfassungsgerichtsbarkeit. Teilbd. 2, S. 347 (370 ff.).
[123] Vom 6. Juni 1952, GVBl. S. 117, zuletzt geändert durch Gesetz vom 19. Mai 1982, GVBl. S. 117.

V. Hessen[124]

Die Befugnis zum Erlaß einstweiliger Verfügungen[125] durch den Staatsgerichtshof findet sich in § 22 StGHG[126].

(1) Der Staatsgerichtshof kann, um im Streitstand einen Zustand vorläufig zu regeln, für eine drei Monate nicht übersteigende Frist eine einstweilige Verfügung erlassen, wenn es zur Abwendung wesentlicher Nachteile oder zur Verhinderung drohender Gewalt oder aus einem anderen wichtigen Grunde im öffentlichen Interesse geboten erscheint. Der Beschluß bedarf einer Mehrheit von zwei Dritteln.

(2) Die Entscheidung kann ohne mündliche Verhandlung durch Beschluß ergehen.

(3) Auf Antrag eines Beteiligten hat der Staatsgerichtshof eine Hauptverhandlung anzuberaumen und binnen einer Woche seit dem Eingang des Antrags darüber zu entscheiden, ob die einstweilige Anordnung erlassen, aufgehoben oder bestätigt wird. Der Bestätigungsbeschluß bedarf ebenfalls der Mehrheit von zwei Dritteln.

(4) Wird nicht rechtzeitig entschieden, dann tritt die Verfügung mit Ablauf der Wochenfrist außer Kraft. Eine außer Kraft getretene oder aufgehobene Verfügung darf nur aufgrund neuer Tatsachen wiederholt werden.

Dabei muß eine Entscheidung des Staatsgerichtshofs in der Hauptsache noch möglich sein; die einstweilige Verfügung kann indes schon vor Klageerhebung erlassen werden[127].

---

[124] Zur hessischen Verfassungsgerichtsbarkeit vgl. Barwinski in Zinn/Stein, Art. 131-133; Gehb, S. 1 ff.; Groß, Recht im Amt 1979, 1 ff.; Pestalozza, S. 318 ff.; Schmidt, HessStVwR, S. 20 (43 ff.); Schröder, 20 Jahre Hessische Verfassung, S. 293 ff. mit weiteren Nachweisen.
[125] Zu dieser begrifflichen Abweichung vgl. S. 19 Fn. 24 a.E.
[126] Vom 12. Dezember 1947, GVBl. 1948, S. 3, berichtigt GVBl. 1948, S. 122, zuletzt geändert durch Gesetz vom 4. September 1974, GVBl. I S. 361.
[127] Vgl. StGH ESVGH Bd. 11/II S. 24, Bd. 22 S. 136, S. 215 ff.; vgl. zur einstweiligen Verfügung Barwinski in Zinn/Stein, Art. 131-133 Anm. VI, 4; Pestalozza, S. 356 f.; Schuppert, Landesverfassungsgerichtsbarkeit Teilbd. 2, S. 347 (374 ff.).

VI. Niedersachsen[128]

Das Gesetz über den Staatsgerichtshof[129] enthält keine ausdrückliche Regelung über den Erlaß einstweiliger Anordnungen; insoweit ist die Verweisungsnorm des § 16 StGHG einschlägig, die die Verfahrensvorschriften des Bundesverfassungsgerichtsgesetzes für entsprechend anwendbar erklärt. Somit richtet sich das Verfahren des vorläufigen Rechtsschutzes nach § 32 BVerfGG[130].

VII. Nordrhein-Westfalen[131]

Nach Art. 63 Abs. 2 S. 2 der Landesverfassung[132] kann der Verfassungsgerichtshof bei der Ministeranklage, nachdem die Klage erhoben wurde, durch einstweilige Anordnung bestimmen, "daß der Ministerpräsident oder Minister an der Ausübung seines Amtes verhindert ist".

Die allgemeine Befugnis des Verfassungsgerichtshofes zum Erlaß einstweiliger Anordnungen[133] findet sich in § 27 des Gesetzes über den Verfassungsgerichtshof[134]:

(1) Der Verfassungsgerichtshof kann in einem anhängigen Verfahren einen Zustand durch einstweilige Anordnung vorläufig regeln, wenn dies zur Abwehr schwerer Nachteile, zur Verhinderung drohender Gewalt oder aus einem anderen wichtigen Grunde zum gemeinen Wohl dringend geboten ist. Vor dem Erlaß der einstweiligen Anordnung sind die Beteiligten zu hören.

---

[128] Zur niedersächsischen Verfassungsgerichtsbarkeit vgl. Körtge, DVBl. 1956, 109 ff., 150 ff.; Neumann, Art. 62; Pestalozza, S. 357 ff.; Schneider, NdsStVwR, S. 44 (95) mit weiteren Nachweisen.
[129] Vom 31. März 1955, GVBl. S. 141, zuletzt geändert durch Gesetz vom 12. Juni 1981, GVBl. S. 125.
[130] Zur einstweiligen Anordnung vgl. Pestalozza, S. 385; Schuppert, Landesverfassungsgerichtsbarkeit Teilbd. 2, S. 347 (377 ff.).
[131] Zur Verfassungsgerichtsbarkeit von Nordrhein-Westfalen vgl. Dickersbach in Geller/Kleinrahm, Art. 74; Grimm, StVwRNW, S. 1 (ff.); Knobelsdorff, DÖV 1958, 175 ff.; Pestalozza, S. 371 ff. mit weiteren Nachweisen.
[132] Vom 28. Juni 1950, GV. S. 127, zuletzt geändert durch Gesetz vom 20. Juni 1989, GV. S. 428.
[133] Zum Erlaß einstweiliger Anordnungen vgl. Pestalozza, S. 385; Schuppert, Landesverfassungsgerichtsbarkeit Teilbd. 2, S. 347 (381 ff.).
[134] Vom 4. März 1952, GVBl. S. 35, zuletzt geändert durch Gesetz vom 16. Juni 1970, GVBl. S. 442.

(2) Gegen die einstweilige Anordnung und ihre Ablehnung kann Widerspruch erhoben werden. Über den Widerspruch entscheidet der Verfassungsgerichtshof nach mündlicher Verhandlung.

(3) Der Widerspruch gegen die einstweilige Anordnung hat keine aufschiebende Wirkung. Der Verfassungsgerichtshof kann die Vollziehung der einstweiligen Anordnung aussetzen.

VIII. Rheinland-Pfalz[135]

Ursprünglich enthielt weder das Gesetz über den Verfassungsgerichtshof[136] noch dessen Geschäftsordnung[137] eine ausdrückliche Regelung bezüglich des Erlasses von einstweiligen Anordnungen im Verfassungsprozeß. Angesichts dieser Rechtslage legte sich der Verfassungsgerichtshof zunächst Zurückhaltung beim Erlaß einstweiliger Anordnungen auf[138]. In seiner zweiten diesbezüglichen Entscheidung gab jedoch das Gericht seine Bedenken auf[139]; auf Grund einer Gesamtschau der anderen Landesverfassungsgerichtsbarkeiten und aus dem Gedanken a majore ad minus, daß das Recht zur endgültigen Entscheidung auch das Recht zur vorläufigen Regelung beinhaltet, wurde die Zulässigkeit einstweiliger Anordnungen bejaht[140].

Der im Jahre 1970 eingefügte § 19a VerfGHG[141] brachte endgültige Klärung:

(1) Der Verfassungsgerichtshof kann in einem anhängigen Verfahren auf Antrag eines Beteiligten einen Zustand durch einstweilige Anordnung vorläufig regeln, wenn dies zur Abwehr schwerer Nachteile, zur Verhinderung drohender Gewalt oder aus einem anderen wichtigen Grunde zum gemeinen Wohl dringend geboten ist.

(2) Die einstweilige Anordnung kann ohne mündliche Verhandlung ergehen. Vor dem Erlaß der einstweiligen Anordnung sind die Beteiligten zu hören. Bei besonderer Dringlichkeit kann der Verfassungsgerichtshof von der Anhörung absehen.

---

[135] Zur Verfassungsgerichtsbarkeit von Rheinland-Pfalz vgl. Hensgen, S. 1 ff.; Ley, StVwR Rh.Pf., S. 1 (41 ff.); Nennstiel, Die Dritte Gewalt, 1953/16, S. 10 ff.; Pestalozza, S. 386 ff.; Schunck, JöR NF 20 (1971), S. 241 ff. mit weiteren Nachweisen.

[136] BS 1104-1; vom 23. Juli 1949, GVBl. S. 285, zuletzt geändert durch Gesetz vom 5. Oktober 1977, GVBl. S. 333.

[137] BS 1104-1-1; vom 4. Januar 1951, GVBl. S. 3.

[138] VerfGH AS 2, S. 271 ff.

[139] VerfGH AS 8, S. 224 ff.

[140] Vgl. zur einstweiligen Anordnung Pestalozza, S. 405; Schuppert, Landesverfassungsgerichtsbarkeit Teilbd. 2, S. 347 (388 ff.).

[141] Eingefügt durch Gesetz vom 28. Juli 1970, GVBl. S. 285 (286).

(3) Wird die einstweilige Anordnung ohne mündliche Verhandlung erlassen oder abgelehnt, so kann Widerspruch erhoben werden. Über den Widerspruch entscheidet der Verfassungsgerichtshof nach mündlicher Verhandlung. Diese muß binnen zwei Wochen nach Eingang der Begründung des Widerspruchs stattfinden.

(4) Der Widerspruch gegen die einstweilige Anordnung hat keine aufschiebende Wirkung. Der Verfassungsgerichtshof kann die Vollziehung der einstweiligen Anordnung aussetzen.

(5) Die einstweilige Anordnung tritt nach drei Monaten außer Kraft. Sie kann mit einer Mehrheit von zwei Dritteln der Stimmen wiederholt werden.

(6) Ist der Verfassungsgerichtshof nicht beschlußfähig, so kann die einstweilige Anordnung bei besonderer Dringlichkeit erlassen werden, wenn mindestens drei Mitglieder des Verfassungsgerichtshofes anwesend sind und der Beschluß einstimmig gefaßt wird; Absätze 1 und 4 gelten entsprechend. Die einstweilige Anordnung tritt nach einem Monat außer Kraft; wird sie durch den Verfassungsgerichtshof bestätigt, so tritt sie drei Monate nach ihrem Erlaß außer Kraft.

IX. Saarland[142]

Der Erlaß einstweiliger Anordnungen[143] ist geregelt in § 21 VfGHG[144]. Diese Bestimmung hat folgenden Wortlaut:

(1) Der Verfassungsgerichtshof kann in einem anhängigen Verfahren auf Antrag eines Beteiligten einen Zustand durch einstweilige Anordnung vorläufig regeln, wenn dies zur Abwehr schwerer Nachteile, zur Verhinderung drohender Gewalt oder aus einem anderen wichtigen Grunde zum gemeinen Wohl dringend geboten ist.

(2) Die einstweilige Anordnung kann ohne mündliche Verhandlung ergehen. Vor dem Erlaß der einstweiligen Anordnung sind die Beteiligten zu hören.

---

[142] Zur Verfassungsgerichtsbarkeit im Saarland vgl. Krause, JöR NF 29 (1980), S. 393 ff.; Kretschmer, JBl. Saar 1961, 68 ff.; Pestalozza, S. 406 ff. mit weiteren Nachweisen.
[143] Siehe zur einstweiligen Anordnung Kretschmer, JBl. Saar 1961, 195 ff.; Pestalozza, S. 423; Schuppert, Landesverfassungsgerichtsbarkeit Teilbd. 2, S. 347 (391 ff.).
[144] BS Saar (Bd. 1) 1103-1; Gesetz vom 17. Juli 1958, ABl. S. 735, zuletzt geändert durch Gesetz vom 16. September 1987 (ABl. S. 1217).

(3) Gegen die einstweilige Anordnung und ihre Ablehnung kann Widerspruch erhoben werden. Über den Widerspruch entscheidet der Verfassungsgerichtshof nach mündlicher Verhandlung. Diese muß binnen zwei Wochen nach Eingang der Begründung des Widerspruchs stattfinden.

(4) Der Widerspruch gegen die einstweilige Anordnung hat keine aufschiebende Wirkung. Der Verfassungsgerichtshof kann die Vollziehung der einstweiligen Anordnung aussetzen.

(5) Die einstweilige Anordnung tritt nach drei Monaten außer Kraft. Sie kann auf Antrag eines Beteiligten mit einer Mehrheit von zwei Dritteln der Stimmen erneut erlassen werden.

Das Antragserfordernis des § 21 Abs. 1 VfGHG gilt nicht für die einstweilige Anordnung im Anklageverfahren gegen Minister nach Art. 94 der Landesverfassung[145]; dies ordnet § 31 VfGHG an.

X. Schleswig-Holstein[146]

Schleswig-Holstein hat als einziges Bundesland von der durch Art. 99 GG gegebenen Möglichkeit Gebrauch gemacht; nach Art. 36 Abs. 2 und Art. 37 der Landesverfassung für Schleswig-Holstein[147] sind Landesverfassungsstreitigkeiten dem Bundesverfassungsgericht zur Entscheidung zugewiesen. Diese Zuweisung findet ihre Entsprechung in § 13 Nr. 10, §§ 73 ff. BVerfGG. Für den Erlaß von einstweiligen Anordnungen gilt nach § 75 BVerfGG, der die Vorschriften des II. Teils dieses Gesetzes für entsprechend anwendbar erklärt, § 32 BVerfGG.

Das Bundesverfassungsgericht entscheidet dabei in Auftragsgerichtsbarkeit als Organ des Bundes[148]; es ist Verfassungsgericht für ein Land und nicht Verfassungsgericht des Landes[149].

---

[145] BS Saar (Bd. 1) 100-1; vom 15. Dezember 1947, ABl. S. 1077, zuletzt geändert durch Gesetz vom 25. Januar 1985, ABl. S. 106.
[146] Vgl. zur Verfassungsgerichtsbarkeit von Schleswig-Holstein Pestalozza, S. 423 ff. mit weiteren Nachweisen.
[147] GS Schl.-H. II 100-1; vom 13. Dezember 1949, GVOBl. 1950 S. 3 in der Fassung der Bekanntmachung vom 7. Februar 1984, GVOBl. S. 53.
[148] Bachof/Jesch, JöR NF 6 (1957), S. 47 (55 Fn. 41); Klein in Maunz/Schmidt-Bleibtreu/Klein/Ulsamer, § 74 Rdnr. 1; a.A. Geiger, FS Laforet, S. 251 (257), der das Bundesverfassungsgericht dabei als Landesverfassungsgericht ansieht.
[149] BVerfGE 7, 77 (83); 10, 285 (293 f.); Klein in Maunz/Schmidt-Bleibtreu/Klein/Ulsamer, § 74 Rdnr. 1. Als Verfassungsgericht für Schleswig-Holstein erließ das Bundesverfassungsgericht bisher zwei einstweilige Anordnungen, vgl. BVerfGE 23, 33 ff.; 27, 240 ff.

Zweiter Teil
Die einstweilige Anordnung in der bayerischen Verfassungsrechtsprechung

Im folgenden Teil wird die einstweilige Anordnung in der Prägung dargestellt, die sie durch die lange Praxis der Rechtsprechung des Bayerischen Verfassungsgerichtshofs[150] erhalten hat[151].

§ 3 Grundlagen des einstweiligen Rechtsschutzes

A. Zweck des einstweiligen Rechtsschutzes

Bei aller materiellrechtlicher Verschiedenheit hat der einstweilige Rechtsschutz im Verfassungsprozeß den gleichen Zweck wie in anderen Verfahrensordnungen[152]: Die Zeit bis zur Entscheidung in der Hauptsache soll überbrückt werden, denn die Durchführung eines Prozesses ist langwierig. Inzwischen können sich die tatsächlichen Verhältnisse und Gegebenheiten so weiterentwik-

---

[150] Neben der amtlichen Sammlung von Entscheidungen des Verfassungsgerichtshofs, in der nach § 8 Abs. 6 S. 1 seiner Geschäftsordnung wichtige Entscheidungen veröffentlicht werden, beschäftigen sich zahlreiche Darstellungen mit der Judikatur des Gerichtshofs, vgl. Diller, JZ 1954, 740 ff.; 1955, 15 ff., 238 ff., 270 ff.; 1956, 718 ff., 756 ff.; 1957, 18 ff., 53 ff.; 1959, 475 ff., 525 ff., 568 ff.; 1962, 87 ff., 116 ff.; Kolb, BayVBl. 1957, 266 ff.; Meder, JöR NF 24 (1976), S. 387 ff.; Roemer, SJZ 1949, Sp. 24 ff., 184 ff.; 1950, Sp. 569 ff.; Tilch, JöR NF 30 (1981), S. 345 ff.; Wintrich, Recht, Staat, Wirtschaft, Bd. 4 (1953), S. 139 ff.
[151] Zum Bayerischen Verfassungsgerichtshof liefern die Festschrift für den Verfassungsgerichtshof und das von Starck herausgegebene Werk Landesverfassungsgerichtsbarkeit umfassende Darstellungen; vgl. weiter Elsäßer, BayVBl. 1963, 165 ff.; Hoegner, SJZ 1947, 490 ff.; Knöpfle, S. 1 ff.; ders., BayVBl. 1965, 73 ff.; ders., BayVBl. 1984, 257 ff., 296 ff.; Lichtenberger, BayVBl. 1989, 289 ff.; Pestalozza, JöR 37 (1988), S. 335 (377 ff.); Zacher, JöR NF 15 (1966), S. 321 (360 ff.).
[152] Vgl. dazu Leipold, S. 176 f.

keln, daß der Erfolg in der Hauptsache für den Antragsteller keinen Nutzen mehr bringt.

Um diesen Gefahren entgegenzuwirken, müssen vorbeugende Maßnahmen ergriffen werden.

B. Grundstruktur des einstweiligen Rechtsschutzes

Im Anschluß an Leipold kann man bei Maßnahmen des einstweiligen Rechtsschutzes zwischen materiell-akzessorischen[153] und offenen Entscheidungen[154] differenzieren. In dieser Unterscheidung spiegelt sich das Verhältnis von vorläufigem Rechtsschutz und materiellem Recht wider[155].

I. Materiell-akzessorische Entscheidungen

Der Grundtypus der materiell-akzessorischen Eilentscheidung ist im Zivilprozeß zu finden[156]; neben Arrest- oder Verfügungsgrund wird ein Arrest- oder Verfügungsanspruch gefordert, §§ 916, 935, 940 ZPO. Dabei ist unter dem Arrest- oder Verfügungsanspruch nichts anderes als das zu sichernde materielle Recht oder die materielle Berechtigung des Hauptsachebegehrens zu verstehen[157]. Es wird also die Prüfung der Hauptsache summarisch vorweggenommen.

Die gleiche Struktur mit Anordnungsgrund und Anordnungsanspruch ist bei der einstweiligen Anordnung nach § 123 VwGO zu finden[158].

---

[153] Vgl. Leipold, S. 17 ff., 52 f.
[154] Siehe Leipold, S. 28 ff., 53 f.
[155] Der Zusammenhang von materiellem Recht und einstweiligem Rechtsschutz ist gerade auf dem Gebiet des Zivilprozeßrechts ein breit behandeltes Thema, vgl. Arens, FS Caemmerer, S. 75 ff.; Baur, S. 17 ff.; Grunsky, JuS 1976, 277 (282); Minnerop, S. 51 ff.; Piehler, S. 282 ff.; Schilken, S. 114 ff.
[156] Das soll jedoch nicht heißen, daß im Zivilprozeß nur materiell-akzessorische Eilmaßnahmen ergehen. Insbesondere bei der Regelungsverfügung sind auch offene Eilentscheidungen denkbar, vgl. Stein-Jonas-Grunsky, § 935 Rdnr. 7 ff. Leipold fordert sogar eine weitergehende Übernahme dieser Entscheidungsfindung im Zivilprozeß, vgl. Leipold, S. 83 ff.; ders., ZZP 90 (1977), S. 258 (266 ff.).
[157] Vgl. Baur, S. 23 ff.; Leipold, S. 17 f.; Minnerop, S. 51 ff.; Stein-Jonas-Grunsky, § 916 Rdnr. 1 ff.
[158] Siehe Finkelnburg/Jank, Rdnr. 141 ff.; Kopp, § 123 Rdnr. 29.

II. Offene Entscheidungen

Ein anderer Lösungsansatz wird bei den offenen Eilentscheidungen verfolgt. Dabei ist nicht das Merkmal der Rechtsschutzfunktion, sondern das Merkmal der Vorläufigkeit und Eiligkeit maßgeblich[159]. Es wird nicht primär auf die materielle Rechtslage abgehoben, sondern die Abwägung der Interessen der am Verfahren Beteiligten steht im Vordergrund. Zunächst sind die Folgen zu prüfen, die eintreten würden, wenn die Maßnahme nicht erlassen werden würde, der Antragsteller aber im Hauptsacheverfahren Erfolg hat. Dem werden die Folgen gegenübergestellt, die eintreten würden, wenn die einstweilige Anordnung erlassen werden würde, der Antragsteller später aber keinen Erfolg in der Hauptsache hat[160]. Das zugrundeliegende materielle Recht dient nur als Randkorrektiv in Fällen der offensichtlichen Unzulässigkeit oder offensichtlichen Unbegründetheit[161].

Diese Art der Entscheidung findet man vor allem bei der einstweiligen Anordnung des Bundesverfassungsgerichts nach § 32 BVerfGG[162]. Die Vorteile dieser Verfahrensweise ergeben sich daraus, daß die besondere Situation des einstweiligen Rechtsschutzes besser berücksichtigt wird. Es ist eben noch keine sichere Prognose im Hauptsacheverfahren möglich und zudem wird der Eindruck der vorzeitigen Festlegung des Gerichts vermieden[163].

C. Die einstweilige Anordnung im bayerischen Verfassungsprozeß als offene Entscheidung

Auch bei der einstweiligen Anordnung vor dem Bayerischen Verfassungsgerichtshof handelt es sich um eine offene Entscheidung. Wie später noch eingehend zu behandeln sein wird[164], nimmt der Gerichtshof eine Folgenabwägung vor. Das zu Grunde liegende materielle Recht dient nur als Randkorrektiv[165].

---

[159] So Leipold, S. 53.
[160] Vgl. Leipold, S. 175 ff.
[161] Siehe Leipold, S. 179.
[162] Vgl. Klein in Maunz/Schmidt-Bleibtreu/Klein/Ulsamer, § 32 Rdnr. 14 ff.; Leipold, S. 30 ff.
[163] So Leipold, ZZP 90 (1977), S. 258 (267 f.).
[164] Siehe unten S. 69 f.
[165] Siehe unten S. 66 ff.

Die Einteilung des einstweiligen Rechtsschutzes und die damit verbundene Einordnung der einstweiligen Anordnung des Bayerischen Verfassungsgerichtshofs als offene Entscheidung ist nicht Selbstzweck, sondern zur Lösung bestimmter Probleme notwendig[166].

---

[166] So beispielsweise für die Frage des Schadensersatzes, vgl. unten S. 103 ff.

§ 4 Die Zulässigkeit der einstweiligen Anordnung

Wie in der Entscheidung in der Hauptsache trennt der Verfassungsgerichtshof auch im Verfahren des einstweiligen Rechtsschutzes zwischen Zulässigkeit und Begründetheit. Dies bestimmt den Aufbau der folgenden Untersuchung.

A. Die Zuständigkeit des Verfassungsgerichtshofs in der Hauptsache

Wegen der Aufgabe der einstweiligen Anordnung, den Vollzug der Entscheidung in der Hauptsache zu sichern, muß sie einem möglichen Hauptverfahren zugeordnet werden[167]. Außerhalb des Zuständigkeitskatalogs in der Hauptsache ist keine Maßnahme des einstweiligen Rechtsschutzes möglich. Das ergibt sich nicht zuletzt aus der Verfassung des Freistaates Bayern, wonach der Verfassungsgerichtshof neben den im 5. Abschnitt zugewiesenen Fällen gem. Art. 67 BV nur in durch Gesetz zugewiesenen Fällen entscheidet. Obwohl das Verfahren des einstweiligen Rechtsschutzes einem möglichen Hauptsacheverfahren inhaltlich zugeordnet ist, bleibt es prozessual selbständig[168].

Daraus kann jedoch nicht der Umkehrschluß gezogen werden, daß die einstweilige Anordnung a priori in jeder Verfahrensart statthaft ist; für jedes Verfahren muß gesondert untersucht werden, ob Maßnahmen des einstweiligen Rechtsschutzes möglich sind.

---

[167] Vgl. für das Verfahren vor dem Bundesverfassungsgericht Erichsen, FG BVerfG Bd. 1, S. 170 (174 f.); Gebhardt, S. 99 ff.; Klein in Maunz/Schmidt-Bleibtreu/Klein/Ulsamer, § 32 Rdnr. 11; Helfferich, S. 77 ff.; Merkel, S. 33; Tüttenberg, S. 41.
[168] Auch in § 123 Abs. 2 VwGO und in den §§ 919, 937 Abs. 1 ZPO ist vom Gericht der Hauptsache die Rede; trotzdem handelt es sich um selbständige Verfahren. So für das Verfahren nach § 123 VwGO BVerfGE 35, 397; 39, 291; Finkelnburg/Jank, Rdnr. 265; Kopp, § 123 Rdnr. 19; für zivilprozessualen Arrest und einstweilige Verfügung vgl. Leipold, S. 18 f.; Stein-Jonas-Schumann, Einl. Rdnr. 303. A.A. für den Verfassungsprozeß Gebhardt, S. 94; Schmitz, S. 5.

I. Anklageverfahren

Eine vorläufige Amtsenthebung im Wege einstweiliger Anordnung ist bei verschiedenen Anklageverfahren im Bund[169] und in einigen Ländern[170] ausdrücklich geregelt. Auch im bayerischen Verfassungsprozeß ist eine einstweilige Anordnung grundsätzlich möglich; Einschränkungen können sich wegen anderweitiger Ausgestaltung des Verfahrens[171] und wegen der Befugnis des Verfassungsgerichtshofs im Hauptsacheverfahren[172] ergeben.

1. Anklage gegen ein Mitglied der Staatsregierung

Gem. Art. 61 Abs. 1 BV entscheidet der Verfassungsgerichtshof über Anklagen gegen ein Mitglied der Staatsregierung; zur Staatsregierung gehören nach Art. 43 Abs. 2 BV der Ministerpräsident, die Staatsminister und die Staatssekretäre. Nach Anklageerhebung können die Angeklagten grundsätzlich im Wege einer einstweiligen Anordnung vorläufig aus ihrem Amt entfernt werden, soweit die Befugnis des Verfassungsgerichtshofs in der Hauptsache dem nicht entgegensteht[173].

2. Anklage gegen ein Mitglied des Landtags

Nach Art. 61 Abs. 1 BV entscheidet der Verfassungsgerichtshof auch über Anklagen gegen ein Mitglied des Landtags. Eine einstweilige Anordnung zur vorläufigen Amtsenthebung ist, wie bei der Entscheidung über den Verlust der Mitgliedschaft, nicht notwendig, da die Mitgliedschaft des Abgeordneten gem. Art. 56 Abs. 1 Nr. 1 LWG[174] ruht, wenn gegen ihn Anklage gemäß Art. 61

---

[169] Vgl. zur Anklage gegen den Bundespräsidenten Art. 61 Abs. 2 S. 2 GG.

[170] Vgl. die vorläufige Amtsenthebung bei der Anklage gegen Mitglieder des Rechnungshofes nach Art. 71 Abs. 3 S. 2 der Verfassung der Freien und Hansestadt Hamburg; Ministeranklage nach Art. 63 Abs. 2 S. 2 der Verfassung des Landes Nordrhein-Westfalen; Ministeranklage nach Art. 94 der Verfassung des Saarlandes, § 31 saarl. VGHG.

[171] Siehe unten S. 44 f.

[172] Siehe unten S. 92 f.

[173] Vgl. zur Kompetenz des Verfassungsgerichtshofs in diesem Verfahren und den daraus resultierenden Folgen unten S. 92 f.

[174] Gesetz über Landtagswahlen, Volksbegehren und Volksentscheid, in der Fassung der Bekanntmachung vom 25. November 1988 (GVBl. S. 345, BayRS 111-1-I).

BV erhoben wird. Das Ruhen der Mitgliedschaft wird gem. Art. 56 Abs. 2, Art. 55 Abs. 3 LWG durch einen Beschluß des Landtags bewirkt.

3. Anklage gegen ein Mitglied des Senats

Bei schweren Fällen der Zuwiderhandlung gegen die Pflichten, die Art. 23 S. 1 und 2 SenG[175] für Senatoren statuiert, ordnet Art. 23 S. 3 SenG die sinngemäße Geltung des Art. 61 Abs. 3 und 4 BV an. Somit kann auch gegen ein Mitglied des Senats Anklage vor dem Verfassungsgerichtshof erhoben werden. Da es im Gesetz über den Senat keine Regelung gibt, die dem Ruhen der Mitgliedschaft nach Art. 56 LWG ähnlich wäre, kommt hier eine vorläufige Amtsenthebung im Wege der einstweiligen Anordnung in Frage. Eine entsprechende Anwendung des Art. 56 LWG scheidet aus, da das Gesetz über den Senat keine Regelungen über die Nachfolge bei Ruhen der Mitgliedschaft trifft. Deshalb ist es sinnvoll, wenn der Verfassungsgerichtshof im ganzen über vorläufige Amtsenthebung Nachfolge entscheidet.

II. Ausschluß von Wählergruppen

Art. 15 Abs. 2, Art. 62 BV bestimmen, daß die Entscheidung darüber, ob eine verfassungsfeindliche Wählergruppe im Sinn von Art. 15 Abs. 1 BV vorliegt, auf Antrag der Staatsregierung oder einer der im Landtag vertretenen Parteien der Bayerische Verfassungsgerichtshof zu treffen hat.

Diese Bestimmung ist jedoch, soweit die Art. 9 Abs. 2 und Art. 21 GG eingreifen, wegen Widerspruchs zu Bundesrecht ungültig[176]. Art. 15 BV ist jedoch weiter als Art. 21 GG[177], da er nicht nur Parteien betrifft, sondern auch Wählergruppen umfaßt, die keine Parteien im Sinn von Art. 21 GG sind[178]. Darunter fallen solche Wählergruppen, die nur vorübergehend zusammentreten oder nur auf kommunaler Ebene tätig sind.

---

[175] Gesetz über den Senat i.d.F. der Bekanntmachung vom 9. Februar 1966 (GVBl. S. 99), zuletzt geändert durch Gesetz vom 11. Juli 1978 (GVBl. S. 415).
[176] VerfGH 11, 164 (180); Maunz, BayVBl. 1960, 1 (4 f.); Meder, Art. 15 Rdnr. 1 f.; Schweiger in Nawiasky/Leusser/Schweiger/Zacher, Art. 15 Rdnr. 9.
[177] A.A. Friesenhahn, FS Thoma, S. 21 (51 Fn. 1); ders., FG BVerfG Bd. 1, S. 748 (777).
[178] Geiger, FS Laforet, S. 251 (255); Mayer in Mang/Maunz/Mayer/Obermayer, S. 81; Meder, Art. 15 Rdnr. 1; Schäfer, JZ 1951, 199 (200); Schweiger in Nawiasky/Leus -ser/Schweiger/Zacher, Art. 15 Rdnr. 9.

Weiterhin wird die Kompetenz des Verfassungsgerichtshofs in Art. 15 Abs. 2 BV durch Art. 9 Abs. 2 GG im Zusammenhang mit dem Vereinsgesetz[179] eingeschränkt. Soweit eine Wählergruppe in den Geltungsbereich des Vereinsgesetzes fällt, geht die bundesrechtliche Möglichkeit zum Vereinsverbot nach § 3 VereinsG vor. Soweit jedoch das Vereinsgesetz mangels Dauerhaftigkeit[180] nicht einschlägig ist, sondern sich eine Wählergruppe nur zu einem einmaligen, vorübergehenden Zweck zusammengeschlossen hat, ist die Kompetenz des Bayerischen Verfassungsgerichtshofs gegeben[181]. Innerhalb dieser Zuständigkeit kann das Gericht auch einstweilige Anordnungen erlassen[182].

III. Wahl- und Mandatsprüfung

1. Landtag

Die Wahlprüfung unterliegt gem. Art. 33 S. 1 BV dem Landtag. Wird die Gültigkeit bestritten, so entscheidet der Bayerische Verfassungsgerichtshof, Art. 33 S. 2, Art. 63 BV; schon in diesem Verfahren kann ein Abgeordneter seine Mitgliedschaft verlieren.

Der Verfassungsgerichtshof entscheidet nach Art. 33 S. 3 BV auch in anderen Fällen, ob ein Abgeordneter die Mitgliedschaft verloren hat, praktisch vor allem beim Verlust der Wählbarkeit[183]. In einem Wahlprüfungsverfahren hat der Verfassungsgerichtshof bereits einmal eine einstweilige Anordnung erlassen[184]. Jedoch hat sich inzwischen die gesetzliche Ausgangslage verändert; nach dem jetzt gültigen Landeswahlgesetz ruht in bestimmten Fällen die Mitgliedschaft. Dies geschieht nach Art. 56 Abs. 2, Art. 55 Abs. 3 LWG durch Beschluß des Landtags. Gem. Art. 56 Abs. 1 Nr. 3 LWG kann dies, falls es noch nicht geschehen ist, auch der Verfassungsgerichtshof in einem bei ihm anhängigen Verfahren anordnen. Bei einer solchen gesetzlichen Regelung ist kein Raum mehr für den Erlaß einstweiliger Anordnungen[185].

---

[179] Vom 5. August 1964 (BGBl. I S. 593), zuletzt geändert durch Gesetz vom 2. März 1974 (BGBl. I S. 469).
[180] Vgl. § 2 VereinsG.
[181] Siehe VerfGH 5, 204 (211 f.); Maunz in Maunz/Obermayer/Berg/Knemeyer, S. 74; Meder, Art. 114 Rdnr. 6; a.A. Schumann, FS VerfGH, S. 281 (282 f.), der diese Zuständigkeit gänzlich derogiert sieht.
[182] Vgl. BVerfGE 1, 349 ff. zum vorläufigen Verbot der SRP.
[183] Vgl. Schweiger in Nawiasky/Leusser/Schweiger/Zacher, Art. 33 Rdnr. 5.
[184] VerfGH 1, 1 ff.

2. Senat

Über den Verlust der Mitgliedschaft beschließt der Senat gem. Art. 17 Abs. 4 HS. 1 SenG. Für den Streitfall ordnet Art. 17 Abs. 4 HS. 2 SenG die entsprechende Anwendung des Art. 41 VfGHG an; daraus ergibt sich die Zuständigkeit des Gerichtshofs. Nach Art. 18 SenG finden für die Wahlprüfung die für den Landtag geltenden Vorschriften entsprechende Anwendung. Da hier wiederum[186] Vorschriften über ein mögliches Ruhen der Mitgliedschaft fehlen, kommt eine vorläufige Amtsenthebung im Wege der einstweiligen Anordnung in Frage.

IV. Verfassungsstreitigkeiten

Der Verfassungsgerichtshof entscheidet nach Art. 64 BV auch über Verfassungsstreitigkeiten zwischen obersten Staatsorganen oder in der Verfassung mit eigenen Rechten ausgestatteten Teilen eines obersten Staatsorgans. Angegriffen wird dabei ein Verhalten des Antragsgegners — Behauptung, Maßnahme oder Unterlassen[187] —, durch das Rechte des Antragstellers beeinträchtigt werden sollen. Es kann aber auch ein Streit um den Erlaß einer Norm[188] oder der Verfassungsmäßigkeit einer Norm[189], auch einer Vorschrift der Verfassung selbst[190], sein; es handelt sich insoweit um ein Normenkontrollverfahren[191].

Im Verfahren des einstweiligen Rechtsschutzes hat sich der Gerichtshof schon mit der Stellung und den Aufgaben des Zwischenausschusses nach Art. 26 BV[192], mit der Tätigkeit eines Untersuchungsausschusses[193] und mit dem

---

[185] Das Gesetz Nr. 45 betreffend des Volksentscheid über die bayerische Verfassung und die Wahl des bayerischen Landtages vom 3. Oktober 1946 (GVBl. S. 309), das zur Zeit der Entscheidung VerfGH 1, 1 galt, kannte noch kein Ruhen der Mitgliedschaft.
[186] Siehe oben S. 45.
[187] Vgl. Meder, Art. 64 Rdnr. 2; Pestalozza, S. 221; Schweiger in Nawiasky/Leusser/Schweiger/Zacher, Art. 64 Rdnr. 2.
[188] VerfGH 2, 61 (68 f.); 23, 80 (85).
[189] VerfGH 29, 62 (79 f.).
[190] VerfGH 23, 80 (85).
[191] Vgl. Meder, Art. 64 Rdnr. 4; Schweiger in Nawiasky/Leusser/Schweiger/Zacher, Art. 64 Rdnr. 5. In diesem Fall richtet sich die Besetzung nach Art. 68 Abs. 2 lit. b) BV, VerfGH 29, 62 (80).
[192] VerfGH 35, 105.
[193] VerfGH 35, 82.

Antrag auf Unterlassung einer Äußerung[194] beschäftigt; dabei ist der Erlaß einstweiliger Anordnungen in diesem Verfahren grundsätzlich möglich[195].

V. Meinungsverschiedenheiten über Verfassungsänderung

Nach Art. 75 Abs. 3 BV entscheidet der Verfassungsgerichtshof über Meinungsverschiedenheiten, ob durch ein Gesetz die Verfassung geändert wird oder ob ein Antrag auf unzulässige Verfassungsänderung vorliegt. Von den Verfahrensvorschriften und der Rechtsprechung wird diese Zuständigkeit als ein Unterfall der Verfassungsstreitigkeit gem. Art. 64 BV behandelt[196]. Dieser innerparlamentarische Organstreit[197] unterscheidet sich jedoch in zwei Punkten von der Verfassungsstreitigkeit nach Art. 64 BV. Zunächst muß die prozessuale Voraussetzung, daß die Meinungsverschiedenheit bereits im Laufe des Gesetzgebungsverfahrens aufgetreten ist, gegeben sein[198]. Weiterhin fordert Art. 42 Abs. 2 und 3 VfGHG keine bestimmte Zahl von Antragstellern im Verfahren des Art. 75 Abs. 3 BV, so daß auch einzelne Abgeordnete oder Senatoren den Antrag stellen können[199].

Soweit es sich nicht nur um eine vorbeugende Normenkontrolle handelt[200], das Gesetz also noch nicht wirksam ist, kann eine einstweilige Anordnung auch im Verfahren nach Art. 75 Abs. 3 BV ergehen.

VI. Richtervorlage

Nach den Art. 65, 92 BV in Verbindung mit Art. 100 Abs. 1 S. 1 GG hat ein Richter, der ein Gesetz für verfassungswidrig hält, die Entscheidung des Verfassungsgerichtshofs herbeizuführen. Die Vorlagepflicht erstreckt sich gem. Art. 44 VfGHG auf alle Rechtsvorschriften des bayerischen Landesrechts[201]. Der Verfassungsgerichtshof hat bisher in diesem Verfahren noch keine einstweili-

---

[194] VerfGH 33, 139.
[195] Vgl. VerfGH 35, 105 (114); 35, 82 (87); 33, 139.
[196] Vgl. BVerfGE 2, 143 (175 ff.); Pestalozza, S. 222; Ulsamer, Landesverfassungsgerichtsbarkeit Teilbd. 2, S. 43 (53).
[197] Zu diesem Ausdruck Bethge, Landesverfassungsgerichtsbarkeit Teilbd. 2, S. 17 (21 f.); Friesenhahn, FS Broermann, S. 517 (536 Fn. 78); Pestalozza, S. 222.
[198] Meder, Art. 75 Rdnr. 6; Schweiger in Nawiasky/Leusser/Schweiger/Zacher, Art. 75 Rdnr. 7.
[199] Vgl. VerfGH 26, 97 (108); Meder, Art. 75 Rdnr. 5.
[200] Siehe VerfGH 11, 1 (5); 19, 64 (68); 21, 110 (115).
[201] Vgl. Meder, Art. 92 Rdnr. 2.

ge Anordnung erlassen. Es ist jedoch fraglich, ob im Verfahren der Richtervorlage überhaupt Maßnahmen des einstweiligen Rechtsschutzes möglich sind[202].

Für einen Erlaß von einstweiligen Anordnungen wird vorgebracht, daß auch in diesem Verfahren eine Zwischenregelung notwendig werden kann[203]. Eine einstweilige Anordnung sei gerade dann erforderlich, wenn ein Gericht das ausgesetzte Verfahren vor Abschluß des Normenkontrollverfahrens fortsetzt oder beendet[204]. Durch die Vorlage wird jedoch die Verfügung über den Streitgegenstand den Parteien nicht entzogen[205]. Ist das Ausgangsverfahren beispielsweise durch Rücknahme der Klage, des Rechtsmittels oder durch Vergleich beendet, entfällt auch die Grundlage für das verfassungsgerichtliche Verfahren[206].

Legt das Ausgangsgericht in einem Hauptsacheverfahren vor, so bleibt diesem die Möglichkeit erhalten, selbst eine Maßnahme des einstweiligen Rechtsschutzes zu erlassen; dieses Verfahren ist unabhängig von dem ausgesetzten Hauptsacheverfahren[207]. Eine einstweilige Anordnung durch den Verfassungsgerichtshof ist nicht notwendig.

Problematisch wird es, wenn ein Gericht in einem Verfahren des einstweiligen Rechtsschutzes eine Norm für verfassungswidrig hält. Die Anordnungsbefugnis des Verfassungsgerichtshofs reicht nicht weiter als seine Kompetenz in der Hauptsache. Damit könnte er nur den Vollzug der vorgelegten Norm vorläufig aussetzen, wegen der verschiedenen Streitgegenstände aber im Ausgangsverfahren keine einstweilige Anordnung erlassen. Auch das Ausgangsgericht könnte auf dieser Grundlage keine Maßnahme des einstweiligen Rechtsschutzes treffen, da es sein Verfahren bis zur Entscheidung über die Verfassungsmäßigkeit ausgesetzt hat. Zudem sind bei der konkreten Normenkontrolle weder das Ausgangsgericht[208] noch die Beteiligten[209] im Ausgangsverfahren beteiligt und antragsberechtigt, so daß diese einstweilige Anordnung von Amts wegen ergehen müßte.

---

[202] Siehe dazu auch die Frage der Aussetzung durch den Verfassungsgerichtshof unten S. 85 f.
[203] So Gebhardt, S. 119.
[204] Vgl. Gebhardt, S. 118 f.; Helfferich, S. 85 ff.; Merkel, S. 44 f.; Tüttenberg, S. 116 f.
[205] Ulsamer in Maunz/Schmidt-Bleibtreu/Klein/Ulsamer, § 80 Rdnr. 319.
[206] Vgl. BVerfGE 14, 140 (142).
[207] Siehe oben S. 43.
[208] Siehe Meder, Art. 92 Rdnr. 10; vgl. auch BVerfG 2, 213 (217); 3, 225 (228 f.); Geiger, § 82 Anm. 1; Schäfer, NJW 1954, 409 (412); Ulsamer in Maunz/Schmidt-Bleibtreu/ Klein/Ulsamer, § 80 Rdnr. 216, 302; a.A. Greiff, DRiZ 1954, 138 ff.
[209] Siehe Meder, Art. 92 Rdnr. 10; vgl. auch BVerfG 2, 213 (217); 20, 350 (351);

Deshalb ist im Verfahren des einstweiligen Rechtsschutzes den Ausgangsgerichten grundsätzlich [210] ein umfassendes Prüfungsrecht auch bezüglich der Norm zuzugestehen, die für verfassungswidrig gehalten wird[211]; denn es ergeht keine Entscheidung streitiger Rechtsfragen, sondern nach einer summarischen Vorausprüfung werden Interessen abgewogen.

VII. Verfassungsbeschwerde

Mit der Verfassungsbeschwerde nach Art. 120 BV kann jeder, der sich durch eine Behörde in seinen verfassungsmäßigen Rechten verletzt fühlt, den Verfassungsgerichtshof anrufen; nach Art. 47 Abs. 1 S. 2 VfGHG sind auch Handlungen oder Unterlassungen eines Gerichts mitumfaßt.

1. Gerichtliche Entscheidungen

Die Mehrzahl der Entscheidungen befaßt sich mit gerichtlichen Entscheidungen; dabei sind zunächst die rechtskräftigen Zivil- und Strafurteile zu nennen, bei denen im Wege des einstweiligen Rechtsschutzes die vorläufige Einstellung der Zwangsvollstreckung[212], der Zwangsräumung[213], der Zwangsversteigerung[214] oder der Strafvollstreckung[215] begehrt wurde.

31, 87 (92); 41, 243 (245); 42, 90 (91); Lechner, § 82 zu Abs. 3 mit § 77 Anm. 2; Pestalozza, JuS 1978, 312 (316 Fn. 19); Ulsamer in Maunz/Schmidt-Bleibtreu/Klein/Ulsamer, § 82 Rdnr. 17.

[210] Zu den Ausnahmen vgl. unten S. 86.

[211] Vgl. OVG Münster, NJW 1979, 330 f.; bestätigt WissR 1981, 272 (273); VG Würzburg, NJW 1976, 1651; OLG Hamburg, JZ 1983, 67 (68 f.); Eyermann/Fröhler, § 80 Rdnr. 36; Görlich, JZ 1983, 57 ff.; Groschupf, Landesverfassungsgerichtsbarkeit Teilbd. 2, S. 85 (93 f.); Kopp, § 80 Rdnr. 92a; Maurer, JZ 1989, 294 (295); v. Mutius, VerwArch 1977, 197 (207 f.); Redeker/v. Oertzen, § 80 Rdnr. 46a; Ulsamer in Maunz/Schmidt-Bleibtreu/Klein/Ulsamer, § 80 Rdnr. 253a. A.A. Bettermann, FG BVerfG Bd. 1, S. 323 (355 f.), der das einschlägige Gesetz als gültig behandeln will.

[212] Vgl. VerfGH 4, 21; E. vom 25. September 1969, Vf. 72-VI-69, siehe unten S. 135; E. vom 1. April 1969, Vf. 22-VI-69, siehe unten S. 134; E. vom 21. November 1969, Vf. 96-VI-69, siehe unten S. 136.

[213] VerfGHE vom 4. Mai 1960, Vf. 16-VI-60, siehe unten S. 140.

[214] VerfGH 26, 141.

[215] VerfGHE vom 22. Juni 1967, Vf. 92-VI-67, siehe unten S. 133; E. vom 31. Juli 1969, Vf. 77-VI-69, siehe unten S. 135.

Die Kompetenz zum Erlaß einstweiliger Anordnungen richtet sich nach der Zuständigkeit im Hauptsacheverfahren. Dabei treten Probleme bei der Befassung mit Bundesrecht auf. Die Verfassungsbeschwerde nach Art. 120 BV kann sich auf jeden Fall nicht gegen Entscheidungen von Bundesgerichten wenden; dies ist auch dann nicht möglich, wenn diese Gerichte bayerisches Landesrecht angewandt haben[216] oder ihren Sitz in Bayern unterhalten[217]. Das gleiche gilt für Entscheidungen bayerischer Gerichte, soweit sie auf Grund sachlicher Prüfung von einem obersten Gerichtshof des Bundes in ihrem Inhalt abgeändert oder bestätigt wurden; solche Entscheidungen dürfen weder aufgehoben noch für nichtig erklärt werden[218]. Keine Bestätigung liegt in der Zurückweisung der Nichtzulassungsbeschwerde[219] oder in der Ablehnung der Annahme zur Revision[220]. Solche Entscheidungen sind der Judikatur des Bayerischen Verfassungsgerichtshofs unterworfen. Der Verfassungsgerichtshof kann auch dann einstweilige Anordnungen erlassen, wenn das Verfahren bundesrechtlich geregelt ist, soweit die Entscheidung durch ein letztinstanziell zuständiges[221] Landesgericht ergangen ist und dieses Gericht bei der Anwendung von formellem oder materiellem Landesrecht ein verfassungsmäßiges Recht verletzt hat[222], gegen ein durch die Verfassung des Freistaates Bayern[223] geschütztes Verfahrensgrundrecht wie Recht auf Gehör oder gesetzlichen Richter verstoßen hat[224] oder schließlich auch dann, wenn sich ein bayerisches Gericht bei der Anwendung von Bundesrecht von objektiv sachfremden Erwägungen hat leiten lassen, in Wirklichkeit also gar kein Bundesrecht angewandt hat[225].

2. Maßnahmen von Behörden

Die verwaltungsgerichtliche Generalklausel des § 40 VwGO, die einen Ausfluß des Art. 19 Abs. 4 GG darstellt, eröffnet bei den öffentlich-rechtlichen

---

[216] Vgl. VerfGH 22, 124; Meder, Art. 120 Rdnr. 40; Zacher in Nawiasky/Leusser/Schweiger/Zacher, Art. 120 Rdnr. 27.
[217] VerfGH 22, 124; Meder, Art. 120 Rdnr. 40.
[218] Vgl. VerfGH 22, 124; 25, 143 (145); 26, 127 (139); 28, 14 (22); Meder, Art. 120 Rdnr. 40.
[219] Z.B. § 132 Abs. 2 VwGO, vgl. VerfGH 23, 190; 24, 48.
[220] Z.B. § 554b ZPO; vgl. VerfGHE vom 3. Juli 1980, Vf. 18-VI-79 S. 12; E. vom 8. Juni 1984, Vf. 80-VI-78 S. 11; Meder, Art. 120 Rdnr. 40.
[221] Art. 47 Abs. 2 VfGHG fordert Rechtswegerschöpfung.
[222] VerfGH 26, 127.
[223] Und auch durch das Grundgesetz, vgl. Art. 142 GG.
[224] VerfGH 27, 35; 27, 109; 33, 165.
[225] Vgl. für das Verfahren des einstweiligen Rechtsschutzes VerfGHE 40, 65 (68); ansonsten VerfGH 12, 65; 20, 87 (92) m.w.N.

Streitigkeiten nichtverfassungsrechtlicher Art den Verwaltungsrechtsweg. Art. 47 Abs. 2 VfGHG setzt jedoch Rechtswegerschöpfung voraus, so daß kaum noch justizlose Akte denkbar sind, die direkt mit der Verfassungsbeschwerde angegriffen werden können[226]. Die letztinstanzielle Entscheidung ist dann der anzugreifende Akt[227].

VIII. Popularklage

Mit der Popularklage nach Art. 98 S. 4 BV können nur Akte rechtssetzender Art einer Prüfung unterzogen werden. Auch in anderen Verfahren ist eine solche Überprüfung möglich; neben der Richtervorlage nach Art. 92 BV, Art. 44 VfGHG und einer etwaigen inzidenten Überprüfung[228] kann auch im Rahmen einer Verfassungsstreitigkeit nach Art. 64 BV oder bei Meinungsverschiedenheiten über das Vorliegen einer Verfassungsänderung nach Art. 75 Abs. 3 BV eine Norm Gegenstand des Verfahrens sein.

1. Formelle Gesetze

Prüfungsgegenstand sind zunächst alle formellen bayerischen Gesetze[229]. So hat sich der Verfassungsgerichtshof in Verfahren des einstweiligen Rechtsschutzes bisher mit Bestimmungen des Bayerischen Beamtengesetzes[230], des Gesetzes zur Änderung des Bayerischen Beamtengesetzes[231], des Gesetzes über die

---

[226] Siehe dazu auch Schumann, S. 290 Fn. 42.

[227] Eine Entscheidung des VerfGH (27, 119) befaßt sich mit einer direkten Verfassungsbeschwerde. Angegriffen wurde der Beschluß der Staatsregierung über die Festsetzung des Wahltages für die Landtagswahl 1974 gem. Art. 37 LWG a.F. Zwar gilt für Wahlangelegenheiten grundsätzlich, daß Entscheidungen und Maßnahmen der Wahlorgane und Wahlbehörden nur mit den im Wahlgesetz vorgesehenen besonderen Rechtsbehelfen angegriffen werden können. Hier bestand jedoch an der selbständigen Anfechtbarkeit ein besonderes schutzwürdiges Interesse (S. 127): Es widerspräche den heutigen rechtsstaatlichen Vorstellungen, gerichtsfreie Hoheitsakte anzunehmen. Es können somit alle Maßnahmen bayerischer Behörden, die geeignet sind, den verfassungsmäßig geschützten Rechtskreis eines Bürgers zu verletzen, direkt angegriffen werden, soweit kein anderweitiger Rechtsweg offensteht.

[228] Sogenannte verdeckte Rechtssatzverfassungsbeschwerde, vgl. Schumann, S. 119 f.; ders., Landesverfassungsgerichtsbarkeit Teilbd. 2, S. 149 (184). Es folgt ein Zwischenverfahren und eine Vorabentscheidung nach Art. 53 Abs. 2 VfGHG.

[229] Vgl. Meder, Art. 98 Rdnr. 8.

[230] In der Fassung vom 17. November 1978, GVBl. S. 831; VerfGH 34, 196.

[231] Vom 15. Juli 1977, GVBl. S. 352; VerfGHE vom 12. September 1977, Vf. 8-VII-77, siehe unten S. 127.

Organisation der ordentlichen Gerichte im Freistaat Bayern[232] und des Schulpflichtgesetzes[233] befaßt[234].

2. Rechtsverordnungen

Weiterhin können alle bayerischen Rechtsverordnungen überprüft werden[235]. Im Zusammenhang mit dem beantragten Erlaß einer einstweiligen Anordnung hat sich der Verfassungsgerichtshof mit Vorschriften der Änderungsverordnung zur Verordnung über das Landesentwicklungsprogramm in Bayern[236], der Vergabeverordnung ZVS[237] und besonders mit Rechtsverordnungen, die im Zusammenhang mit der Gebietsreform erlassen wurden[238], beschäftigt.

3. Andere Rechtsvorschriften des bayerischen Landesrechts

Außerdem können einstweilige Anordnungen in allen übrigen Verfahren erlassen werden, in denen andere Rechtsvorschriften des bayerischen Landesrechts mit der Popularklage angegriffen werden[239]. Dazu gehören Rechtssätze unter der Gesetzesstufe, wie sie in Satzungen von Körperschaften, Anstalten und Stiftungen des öffentlichen Rechts vorzufinden sind[240]. Aber auch der Zustimmungsbeschluß des Landtags zu einem Staatsvertrag[241] nach Art. 72 Abs. 2 BV, der legislative Bedeutung hatte[242], war bereits Gegenstand eines Verfahrens des einstweiligen Rechtsschutzes[243].

---

[232] GerOrgG vom 25. April 1973, GVBl. 189; VerfGH, BayVBl. 1973, 537.
[233] Vom 15. April 1969, GVBl. S. 97; VerfGH 22, 127.
[234] Vgl. weiterhin VerfGH 10, 54; 8, 33.
[235] Vgl. Meder, Art. 98 Rdnr. 8.
[236] Vom 9. März 1982, GVBl. S. 151; VerfGH 36, 192.
[237] Verordnung über die zentrale Vergabe von Studienplätzen und die Durchführung eines Feststellungsverfahrens vom 13. Mai 1980, GVBl. S. 223; VerfGH 33, 111.
[238] Vgl. VerfGH 31, 33; E. vom 4. September 1978, Vf. 19-VII-78, Vf. 23-VII-78, 25-VII-78, siehe unten S. 137.
[239] Vgl. für das Hauptsacheverfahren Meder, Art. 98 Rdnr. 8; siehe auch Art. 53 Abs. 1 S. 1 VfGHG.
[240] So entschieden für das Hauptsacheverfahren VerfGH 4, 150; 6, 21; 20, 183; 21, 24; 21, 28; 22, 138; 24, 72 (80); 27, 1 (9); 29, 26; 29, 53; 29, 244; 30, 109; 33, 130; 33, 174; 34, 135.
[241] GVBl. 1973, S. 98.
[242] Eine solche Transformation unterliegt verfassungsgerichtlicher Kontrolle, vgl. VerfGH 26, 101; 28, 143 (154 f.).
[243] Vgl. VerfGH 26, 101.

Weiterhin beschäftigte sich der Verfassungsgerichtshof bei Antrag auf Erlaß einstweiliger Anordnungen mit einem Bebauungsplan[244] und einer Satzung der Bayerischen Ärzteversorgung[245]. Das Verfahren des einstweiligen Rechtsschutzes war auch insoweit gegen die Bestimmungen eines Gemeinderats für die Wahl eines Passionsspielkomitees zulässig[246]. In der späteren Entscheidung zur Hauptsache wurde jedoch die Popularklage als unzulässig abgewiesen, da es sich bei diesen Bestimmungen weder nach Willen des Gemeinderats noch nach Form oder Inhalt um eine Satzung handelte[247].

IX. Entscheidung in besonderen durch Gesetz zugewiesenen Fällen

Nach Art. 67 BV entscheidet der Verfassungsgerichtshof außerdem in den besonderen ihm durch Gesetz zugewiesenen Fällen. Neben den weiteren Fällen, in denen in der Verfassung selbst die Zuständigkeit des Verfassungsgerichtshofs angeordnet ist, finden sich solche Zuständigkeiten im Landeswahlgesetz und im Gesetz über den Senat.

1. Zuständigkeiten nach dem Landeswahlgesetz

a) Entscheidung über das Vorliegen der gesetzlichen Voraussetzungen für die Zulassung eines beantragten Volksbegehrens

Bei einem Volksbegehren ist nach Art. 64 LWG die Zulassung beim Staatsministerium des Innern zu beantragen. Sind die Zulässigkeitsvoraussetzungen gegeben, so leitet das Staatsministerium des Innern den weiteren Gang des Verfahrens ein. Erachtet jedoch das Ministerium die gesetzlichen Voraussetzungen für die Zulassung des Volksbegehrens nicht für gegeben, so hat es nach Art. 65 Abs. 1 S. 1 LWG die Entscheidung des Verfassungsgerichtshofs darüber herbeizuführen[248]. Nach Art. 71 Abs. 2 S. 1 LWG finden die besonderen Verfahrensvorschriften über Verfassungsstreitigkeiten Anwendung,

---

[244] VerfGH 38, 71.
[245] VerfGH 15, 80.
[246] VerfGHE vom 16. September 1982, Vf. 6-VII-82, siehe unten S. 138.
[247] VerfGH 36, 197 (199 f., 204).
[248] Vgl. dazu auch Gensior, Landesverfassungsgerichtsbarkeit Teilbd. 2, S. 105 (118); Schweinoch/Simader, Art. 71 LWG a.F. Rdnr. 3 ff.

so daß auch im Verfahren nach Art. 71 LWG der Erlaß einer einstweiligen Anordnung in Frage kommt[249].

b) Entscheidung über die Erledigterklärung eines Antrags auf Zulassung eines Volksbegehrens

Es ist möglich, daß der Landtag beim Vorliegen eines Zulassungsantrags für ein Volksbegehren tätig wird und selbst durch Gesetz der erstrebten Gesetzesvorlage Rechnung trägt. In diesem Fall kann das Staatsministerium des Inneren auf Antrag, der nur gemeinsam von Vertrauensmann und Stellvertreter gestellt werden kann[250], den Zulassungsantrag für erledigt erklären, Art. 67 Abs. 2 S. 1 LWG. Diese Entscheidung kann von jedem Unterzeichner des Zulassungsantrages gem. Art. 67 Abs. 2 S. 2 LWG beim Verfassungsgerichtshof angefochten werden[251]. Über die Verweisungen in Art. 67 Abs. 2 S. 3 und Art. 65 Abs. 2 S. 1 LWG finden die Vorschriften über Verfassungsstreitigkeiten Anwendung; somit sind auch in diesem Verfahren einstweilige Anordnungen möglich.

c) Entscheidung über Rechtsgültigkeit eines Volksbegehrens

Wird durch den Landtag, der gem. Art. 73 LWG das Volksbegehren zu behandeln hat, dessen Rechtsgültigkeit bestritten, so ist der hierüber ergangene Beschluß durch das Staatsministerium des Inneren öffentlich bekanntzumachen, Art. 73 Abs. 5 S. 1 LWG. Jeder Unterzeichner des Volksbegehrens kann daraufhin gem. Art. 73 Abs. 5 S. 2 LWG die Entscheidung des Verfassungsgerichtshofs beantragen[252]. Auch hier finden über die Verweisungen in Art. 73 Abs. 5 S. 3 und Art. 65 Abs. 2 S. 1 LWG die Verfahrensvorschriften über Verfassungsstreitigkeiten Anwendung, so daß auch der Erlaß einstweiliger Anordnungen möglich ist.

---

[249] Vgl. zur Möglichkeit von einstweiligen Anordnungen bei Verfassungsstreitigkeiten oben S. 38.
[250] Vgl. Schweinoch/Simader, Art. 73 LWG a.F. Rdnr. 4.
[251] Siehe Gensior, Landesverfassungsgerichtsbarkeit Teilbd. 2, S. 105 (119).
[252] Vgl. Gensior, Landesverfassungsgerichtsbarkeit Teilbd. 2, S. 105 (119); Schweinoch/Simader, Art. 81 LWG a.F. Rdnr. 16 ff.

d) Entscheidung über den Prüfungsbeschluß des Landtags

Nach Art. 81 Abs. 1 LWG prüft der Landtag die Durchführung des Volksentscheids. Gegen die Beschlüsse des Landtags können eine Minderheit des Landtags, die wenigstens ein Drittel der gesetzlichen Mitgliederzahl des Landtags umfaßt, und die Vertrauensmänner der dem Volksentscheid unterstellten Volksbegehren (Art. 64 Abs. 2 LWG) den Verfassungsgerichtshof anrufen, Art. 81 Abs. 2 S. 1 LWG[253]. Über die Verweisung in Art. 81 Abs. 2 S. 2 LWG kommt Art. 41 Abs. 2 bis 5 VfGHG, also die Vorschriften bei Verfassungsstreitigkeiten, zur Anwendung; somit sind auch in diesem Verfahren Maßnahmen des einstweiligen Rechtsschutzes grundsätzlich möglich.

2. Entscheidungen in Angelegenheiten des Gesetzes über den Senat

Neben der Zuständigkeit bei der Wahl- und Mandatsprüfung sowie bei der Anklage gegen Senatoren enthält das Gesetz über den Senat weitere Zuständigkeiten des Gerichtshofs.

a) Einsprüche gegen die Aufnahme, gegen die Ablehnung der Aufnahme oder gegen die Streichung im Verzeichnis der wahlberechtigten Organisationen

Nach Art. 5 Abs. 2 S. 1 SenG führt das Staatsministerium des Inneren ein Verzeichnis der Landesorganisationen der freien Berufe, die gem. Art. 5 Abs. 1 SenG vier Vertreter in den Senat wählen. Gegen die Aufnahme, gegen die Ablehnung der Aufnahme oder gegen eine Streichung ist Einspruch innerhalb einer Ausschlußfrist von vierzehn Tagen möglich, Art. 5 Abs. 2 S. 4 SenG. Wird dem Einspruch durch das Staatsministerium des Inneren nicht abgeholfen, so ist gem. Art. 5 Abs. 2 S. 5 SenG der Verfassungsgerichtshof auf Antrag zur Entscheidung berufen. Neben den §§ 60 bis 63 der Geschäftsordnung des Verfassungsgerichtshofs sind durch die Verweisung in Art. 5 Abs. 2 S. 6 SenG die Vorschriften über Verfassungsstreitigkeiten sinngemäß anzuwenden. So ist auch in diesem Verfahren der Erlaß einer einstweiligen Anordnung möglich.

---

[253] Vgl. Schweinoch/Simader, Art. 90 LWG a.F. Rdnr. 2.

Durch die Verweisung in Art. 8 Abs. 3 S. 2 SenG gelten diese Vorschriften auch für das Verfahren beim Verzeichnis der unter Art. 8 Abs. 1 SenG fallenden Wohltätigkeitsorganisationen[254].

Dieses Verfahren ist durch die Verweisung in Art. 4 Abs. 2 S. 3 SenG bei dem Verzeichnis der Spitzenorganisationen der Arbeiter oder der Angestellten oder der Berufsbeamten nach Art. 4 Abs. 1 SenG ebenfalls anzuwenden.

b) Beschwerde bei Neubildungen von Organisationen

Wenn nach dem Inkrafttreten des Gesetzes über den Senat neue bayernweite Organisationen auftreten oder bei bestehenden Organisationen die Voraussetzungen für die Beteiligung an den Wahlen zum Senat eintreten, so können diese ihren Anspruch auf Vertretung im Senat gem. Art. 13 S. 1 SenG bei Ergänzungs- oder Neuwahlen gegenüber dem Staatsministerium des Innern geltend machen. Gegen diesen Bescheid ist gem. Art. 13 S. 2 SenG binnen einem Monat Beschwerde an den bayerischen Verfassungsgerichtshof möglich. Neben den §§ 65 bis 69 der Geschäftsordnung des Verfassungsgerichtshofs[255] sind über die Verweisung in Art. 13 S. 4 SenG die Vorschriften über die Entscheidung bei Verfassungsstreitigkeiten sinngemäß Anwendung; somit ist auch in diesem Verfahren der Erlaß von einstweiligen Anordnungen möglich.

Über die Verweisung in Art. 9 Abs. 1 S. 4 SenG finden die Vorschriften bei der Beschwerde von Neubildungen von Organisationen nach Art. 13 S. 3 bis 5 SenG auch bei Streitigkeiten mit neuerrichteten Hochschulen und Akademien gem. Art. 9 S. 2 SenG Anwendung.

---

[254] Vgl. zu diesem Verfahren auch § 64 GeschO.
[255] Die §§ 65 bis 69 GeschO gehen noch von dem alten Senatsgesetz aus. Die bisher in Art. 13 und Art. 15 SenG behandelten Verfahrensarten sind durch das Dritte Gesetz zur Änderung des Gesetzes über den Senat vom 26. Januar 1966 (GVBl. S. 54) zu einem Verfahren zusammengezogen worden, das nun in Art. 13 SenG (neue Fassung) geregelt ist. Die §§ 65 bis 69 GeschO finden auf dieses Verfahren entsprechende Anwendung.

B. Justiziabilität der Hauptsache

Der Verfassungsgerichtshof legt sich zumindest im Verfahren des einstweiligen Rechtsschutzes bei Fragen politischer Natur, für die es klarer rechtlicher Maßstäbe ermangelt, eine gewisse Zurückhaltung und Selbstbeschränkung auf; er bleibt auch in seiner Rolle als Verfassungsorgan[256] Gericht und als solches in Ausübung seiner Rechtsprechung an die Anwendung von Normen gebunden. Die Frage richterlicher Selbstbeschränkung[257] stellt sich bevorzugt im Verfahren des einstweiligen Rechtsschutzes, da hier Maßnahmen nicht ex post überprüft werden, sondern gestaltend in laufende Sachverhalte mit politischer Bedeutung eingegriffen werden soll[258].

Der Verfassungsgerichtshof hat in einem Verfassungsstreitverfahren (nach Art. 64 BV) ausgeführt[259], daß er auch bei Verfassungsstreitigkeiten über Streitfragen im Zusammenhang mit Anwendung und Auslegung einer Verfassungsnorm zu entscheiden hat. Die Berechtigung politischer Standpunkte ist dabei nicht zu bewerten[260]. Dies bedeutet indes keine Beschränkung im Sinne einer political-question-doctrine[261]; dies würde auf eine Ablehnung von Entscheidungen in Fragen, die sich politischer Natur erweisen, hinauslaufen. Soweit jedoch Rechtsnormen existieren, unter die sich der Sachverhalt subsumieren läßt — und jeder auch hochpolitische Sachverhalt läßt sich an den Grundnormen der Verfassung messen[262] — hat der Richter bei politischen Fragen zu entscheiden; alles andere wäre Justizverweigerung[263].

---

[256] Vgl. zur Rolle als Verfassungsorgan BVerfGE 36, 342 (357); 60, 175 (213); Groß, DVBl. 1955, 625 (626); Knöpfle, BayVBl. 1965, 73 (79); Koehler, DÖV 1963, 743 (744); Meder, Vorb. vor Art. 60, Rdnr. 2; Pestalozza, S. 212; Starck, Landesverfassungsgerichtsbarkeit Teilbd. 1, S. 155 (163 f.).
[257] Vgl. Säcker, BayVBl. 1979, 193 (194 f.).
[258] Deshalb wird die Frage des judicial-self-restraint auch meist im Zusammenhang mit dem Erlaß einstweiliger Anordnungen diskutiert, vgl. BVerfGE 35, 257 (261 f.); Friesenhahn, Verfassungsgerichtsbarkeit, Gesetzgebung und politische Führung, S. 57 f.; von der Heydte, FS Geiger, S. 909 (911 ff.); Zeidler, Verfassungsgerichtsbarkeit, Gesetzgebung und politische Führung, S. 43 (45).
[259] VerfGH 35, 82 (89).
[260] VerfGH 35, 82 (89); vgl. Benda, ZRP 1977, 1 (4).
[261] Vgl. zu diesem Ausdruck Stern, Bd. 2, § 44 II 3 e (S. 961 f.); Haller, S. 353 ff.; Säcker, BayVBl. 1979, 193 (194 f.).
[262] So Benda, ZRP 1977, 1 (4).
[263] Vgl. Stern, Bd. 2, § 44 II 3 e (S. 962); Friesenhahn, Verfassungsgerichtsbarkeit, Gesetzgebung und politische Führung, S. 57 f.; Zeidler, ebenda, S. 43 (52 f.).

Nur fehlende rechtliche Maßstäbe entbinden den Richter von einer Entscheidung[264]; in diesem Sinne hat sich der Bayerische Verfassungsgerichtshof zu einem judicial-self-restraint bekannt[265], ohne den Rechtssuchenden ihre ihnen zustehende Entscheidung rechtlicher Fragen zu verweigern.

C. Der Erlaß einstweiliger Anordnungen auf Antrag

I. Die einstweilige Anordnung innerhalb anhängiger Verfahren

Die weitaus meisten Entscheidungen, die sich mit einstweiligen Anordnungen befassen, ergehen im Rahmen von Verfahren, bei denen die Hauptsache anhängig ist[266]. Wird der Antrag auf Erlaß einer einstweiligen Anordnung während eines bereits anhängigen Hauptverfahrens oder zusammen mit dem Rechtsschutzbegehren in der Hauptsache gestellt, so ergeben sich keinerlei weitere Voraussetzungen, die der Antragsteller diesbezüglich beachten muß.

II. Die einstweilige Anordnung außerhalb anhängiger Verfahren

Der Antrag auf Erlaß einer einstweiligen Anordnung kann aber grundsätzlich auch außerhalb eines anhängigen Hauptverfahrens gestellt werden[267]. Dabei werden jedoch vom Verfassungsgerichtshof in der Zulässigkeitsstation wie in der Begründetheitsstation zusätzliche Anforderungen an das Vorbringen des Antragstellers erhoben.

1. Vortrag der Klageabsicht

Der Verfassungsgerichtshof verlangt von demjenigen, der den Erlaß einer einstweiligen Anordnung außerhalb eines anhängigen Hauptverfahrens begehrt, den Vortrag seiner Absicht, die Hauptsache anhängig zu machen[268].

---

[264] Vgl. BVerfGE 40, 141 (178 f.).
[265] So auch Schuppert, Landesverfassungsgerichtsbarkeit Teilbd. 2, S. 347 (367).
[266] In 52 von 55 Fällen wurde der Antrag mit oder nach dem Antrag in der Hauptsache begehrt.
[267] Vgl. VerfGH 23, 22 f.; 33, 139; 35, 82 (87).
[268] Siehe VerfGH 33, 139.

Eine solche Forderung geht von der Ansicht aus, daß auf jedes Verfahren des einstweiligen Rechtsschutzes zwingend ein Hauptverfahren folgen muß; dies ist jedoch — wie in anderen Verfahrensordnungen[269] — nicht der Fall. Nach einer vorläufigen Regelung wäre es denkbar, daß sich die Parteien auch ohne Durchführung eines Hauptverfahrens gütlich einigen. Andererseits ist es demjenigen, dessen Antrag auf Erlaß einer einstweiligen Anordnung im Verfassungsbeschwerdeverfahren als offensichtlich unzulässig oder offensichtlich unbegründet zurückgewiesen wurde, unzumutbar, daß er nun ein Hauptverfahren mit dem Risiko einer Gebühr nach Art. 22 Abs. 1 S. 2 VfGHG anhängig machen sollte.

Wurde eine einstweilige Anordnung erlassen, bevor die Hauptsache anhängig gemacht wurde, so wird den Interessen der Beteiligten dadurch Rechnung getragen, daß sie in entsprechender Anwendung des § 926 ZPO, der über § 26 GeschO auch im Verfahren vor dem Verfassungsgerichtshof anwendbar ist, beantragen können, daß das Gericht der Partei, die die einstweilige Anordnung erwirkt hat, binnen einer zu bestimmenden Frist das Hauptsacheverfahren anhängig zu machen habe[270]. Wird dieser Anordnung nicht Folge geleistet, so wird die einstweilige Anordnung auf Antrag entsprechend § 926 Abs. 2 ZPO aufgehoben.

2. Vortrag der formellen und materiellen Voraussetzungen des Hauptsacheverfahrens

Da jedoch der Erlaß einstweiliger Anordnungen nur innerhalb des Zuständigkeitskatalogs des Verfassungsgerichtshofs möglich ist[271], muß der Antragsteller die formellen und materiellen Voraussetzungen — der summarischen Natur des Verfahrens entsprechend — kurz vortragen[272].

---

[269] Vgl. dazu die Existenz von § 926 ZPO, der die Einleitung des Hauptverfahrens von einem weiteren Antrag abhängig macht; § 926 ZPO findet über die Verweisung in § 123 Abs. 3 VwGO auch beim Erlaß einstweiliger Anordnungen im Verwaltungsprozeß Anwendung.
[270] Vgl. zur Anwendbarkeit des § 926 ZPO im Verfassungsverfahren unten S. 101 f.
[271] Siehe oben S. 43.
[272] Vgl. VerfGH 23, 22; 33, 139.

D. Der Erlaß einstweiliger Anordnungen von Amts wegen

I. Außerhalb anhängiger Verfahren

Bisher wurde vom Verfassungsgerichtshof noch keine einstweilige Anordnung ohne Antrag außerhalb eines anhängigen Verfahrens erlassen; die Notwendigkeit einer solchen Vorgehensweise wird jedoch verschiedentlich gefordert.

1. Bejahende Stimmen

Besonders bei Staatsorganen und ihren von der Verfassung mit eigenen Rechten ausgestatteten Teilen wird die Befürchtung gehegt, daß sie davon absehen könnten, bei Streitigkeiten den Verfassungsgerichtshof anzurufen, so daß die staatsrechtliche Entwicklung an ihm vorbeigehen könnte[273] und er somit seiner Rolle als Hüter der Verfassung[274] nicht mehr gerecht werden würde.

Dieses Problem wurde bisher — außer von Knöpfle[275] — nur im Rahmen des Erlasses von einstweiligen Anordnungen durch das Bundesverfassungsgericht nach § 32 BVerfGG diskutiert; das Problem ist jedoch auch beim Verfahren vor dem Bayerischen Verfassungsgerichtshof nicht anders gelagert. Geiger bejaht uneingeschränkt die Zulässigkeit einer einstweiligen Anordnung vor Anhängigkeit der Sache von Amts wegen[276]; allerdings dürfe sie solange nicht ergehen, wie die Rücksicht auf das Gemeinwohl noch zuläßt, daß ein Antrag abgewartet werden kann. Teilweise wird die Zulässigkeit in extremen Ausnahmefällen[277], außergewöhnlichen[278] oder notstandsähnlichen[279] Situationen oder auch dann bejaht, wenn es zum Schutz der Einrichtung, des Verfahrens oder der Zuständigkeit des Gerichts erforderlich sei[280]; zum Teil

---

[273] So die Befürchtung von Knöpfle, BayVBl. 1965, 73 (77); vgl. auch Drath, VVDStRL 9 (1952), S. 17 (81).
[274] Vgl. zur Stellung des Verfassungsgerichtshofs als Hüter der Verfassung VerfGH 19, 1 (5); Meder, Vorbem. vor Art. 60 Rdnr. 1; Schweiger in Nawiasky/Leusser/Schweiger/Zacher, Art. 60 Anm. 4 a.E.
[275] BayVBl. 1965, 73 (76 f.).
[276] Geiger, § 32 Rdnr. 5.
[277] So Fuß, DÖV 1959, 201 (203).
[278] Vgl. Tüttenberg, S. 55.
[279] Siehe Merkel, S. 56.
[280] Vgl. Spanner, DÖV 1963, 648 (649).

wird die Abkehr vom Antragsprinzip mit der materiellen Verfassungspflicht zur Organtreue begründet[281]. Die Festschreibung eines Vorgehens von Amts wegen wird schließlich von Marcic de lege ferenda erwogen[282].

2. Ablehnende Stimmen

Diese Standpunkte sind auf erhebliche Kritik gestoßen. Friesenhahn lehnt grundsätzlich jede Tätigkeit von Amts wegen ab[283]. Von anderer Seite wird vorgebracht, daß ein solches amtsweiges Vorgehen nicht mit dem Grundsatz "ne procedat iudex ex officio" vereinbar ist[284]. Zudem widerspreche ein solches Vorgehen den Grundsätzen eines parlamentarisch demokratischen Rechtsstaates[285] und der Gerichtseigenschaft und damit der Stellung des Gerichts innerhalb der Gewaltenteilung[286].

3. Eigene Stellungnahme

Könnte der Verfassungsgerichtshof eine Maßnahme des einstweiligen Rechtsschutzes ohne Anstoßgebung, also ex officio, erlassen, so würde der Verfassungsgerichtshof aus seiner Stellung als Hüter der Verfassung heraustreten; er entschiede nicht mehr als zur Klärung berufener unbeteiligter Dritter[287], sondern seine Beteiligung ergäbe sich schon durch das Auswählen des zu beurteilenden Sachverhalts.

Zudem bestimmt § 10 der Geschäftsordnung des Verfassungsgerichtshofs, daß das Verfahren, soweit nicht ausdrücklich etwas anderes bestimmt ist, nur auf schriftlichen Antrag eingeleitet wird. Eine solche ausdrückliche Zuweisung ist indes nicht vorhanden.

Außerdem ist es Zweck der einstweiligen Anordnung, die Wirksamkeit und Durchsetzbarkeit der Endentscheidung zu sichern. Ein Hauptverfahren kann jedoch ebenfalls nur auf Antrag eingeleitet werden, § 10 GeschO. Haben aber

---

[281] Siehe Klein, AöR 108 (1983), S. 561 (616); zum Begriff Organtreue vgl. Schenke, S. 1 ff.
[282] Marcic, S. 136.
[283] Friesenhahn, S. 98.
[284] Vgl. Goessl, S. 50, 213; Gebhardt, S. 85 f.
[285] Klein in Maunz/Schmidt-Bleibtreu/Klein/Ulsamer, § 32 Rdnr. 27.
[286] Vgl. Granderath, NJW 1971, 542 (543); Klein, JZ 1966, 461 (463); ders. in Maunz/ Schmidt-Bleibtreu/Klein/Ulsamer, § 32 Rdnr. 27.
[287] So aber gefordert in BVerfGE 4, 331 (346).

die Beteiligten kein Interesse an einer vorläufigen Regelung, so werden sie auch keinen Antrag auf Durchführung des Hauptverfahrens stellen, es sei denn, sie wären durch die einstweilige Anordnung beschwert. Aber wegen der mangelnden Möglichkeit der Vollstreckung[288] liegt es im Bereich des Möglichen, daß sich derjenige, der das Gericht nicht einschalten will, auch nicht an dessen Entscheidungen hält.

Schließlich ist noch der Grundsatz "ne procedat iudex ex officio" anzuführen[289]. Die Passivität des Richters ist das notwendige Korrelat zu seiner Unparteilichkeit[290]. Zudem würde der Erlaß einstweiliger Anordnungen von Amts wegen einen Verstoß gegen das Gewaltenteilungsprinzip darstellen, weil der Verfassungsgerichtshof jenseits seiner kontrollierenden Funktion politische Eigeninitiative ergreifen würde[291]. Somit ist der Erlaß einstweiliger Anordnungen von Amts wegen außerhalb anhängiger Verfahren unzulässig und deshalb abzulehnen.

II. Innerhalb anhängiger Verfahren

Der Bayerische Verfassungsgerichtshof hat einmal eine einstweilige Anordnung innerhalb eines anhängigen Verfahrens ohne Antrag erlassen. Dabei ging es um eine Maßnahme des Landtags im Zuge der Ungültigerklärung der Wahl eines Abgeordneten[292]. Da der Verfassungsgerichtshof in der Sache selbst noch nicht entscheiden konnte[293], wurde mit Hinweis auf das Bedürfnis einer vorläufigen Regelung eine einstweilige Anordnung erlassen. Diesem Bedürfnis und der Besonderheit des Wahlprüfungsverfahrens hat jedoch der Gesetzgeber dadurch Rechnung getragen, daß er im Landeswahlgesetz das Institut des Ruhens der Mitgliedschaft eingeführt hat, vgl. Art. 56 Abs. 1 LWG[294].

Gegen den amtswegigen Erlaß einer einstweiligen Anordnung sprechen die gleichen Gründe, die einen solchen Erlaß außerhalb anhängiger Verfahren verbieten[295]. Es wird indes vertreten, daß dem Antragsprinzip schon durch den

---

[288] Siehe unten S. 102 f.
[289] Vgl. dazu Gebhardt, S. 56.
[290] Siehe Goessl, S. 50; Bettermann, GS Jellinek, S. 347 (372).
[291] So für das Verfahren vor dem Bundesverfassungsgericht auch Schmitz, S. 8.
[292] Vgl. VerfGH 1, 1.
[293] Es war eine Entscheidung der zuständigen Spruchbehörde nach dem Gesetz zur Befreiung von Nationalsozialismus und Militarismus vom 5. März 1946 (GVBl. S. 145) abzuwarten.
[294] Siehe oben S. 46 f.
[295] Siehe oben S. 62.

Antrag in der Hauptsache Genüge getan wurde[296]. Nach Anhängigkeit der Hauptsache liegen Erforschung und Würdigung des Sachverhalts in der Hand des Gerichts; in diesem Rahmen sei auch der amtswegige Erlaß von einstweiligen Anordnungen zulässig[297]. Eine solche Argumentation übersieht jedoch, daß trotz inhaltlichen Zusammenhangs das Verfahren des einstweiligen Rechtsschutzes prozessual selbständig ist[298]. Zudem finden wir in allen Verfahrensordnungen — das Verfahren vor dem Bundesverfassungsgericht einmal ausgenommen[299] — den prozeßrechtlichen Grundsatz, daß auch bei anhängigem Hauptverfahren einstweiliger Rechtsschutz nur auf Antrag gewährt werden kann[300]. Schließlich finden neben dem allgemeinen Antragsgrundsatz des § 10 GeschO über die Verweisung in § 26 GeschO § 80 Abs. 5 VwGO, § 123 Abs. 1 VwGO, §§ 935, 940 i.V.m. 936, 920 Abs. 1 ZPO Anwendung, die ausdrücklich eine Antragspflicht für Maßnahmen des einstweiligen Rechtsschutzes statuieren.

Ein amtsweger Erlaß von einstweiligen Anordnungen ist im Verfahren vor dem Verfassungsgerichtshof auch innerhalb anhängiger Hauptverfahren nicht möglich.

E. Rechtsschutzbedürfnis

Die Frage des Rechtsschutzbedürfnisses wird vom Verfassungsgerichtshof dann geprüft, wenn die gewählte Verfahrensart dem vom Antragsteller verfolgten Rechtsschutzbegehren nicht Rechnung tragen kann und auch ein Hinweis entsprechend § 86 Abs. 3 VwGO, der über § 26 GeschO Anwendung

---

[296] Vgl. Gebhardt, S. 90 f.; Schmitz, S. 5.
[297] Vgl. Schmitz, S. 5.
[298] Siehe oben S. 43.
[299] Das Bundesverfassungsgericht hat in BVerfGE 1, 281 (283) seine Befugnis zum amtswegigen Erlaß einstweiliger Anordnungen innerhalb anhängiger Verfahren ohne weitere Begründung angenommen. Innerhalb des Schrifttums ist diese Vorgehensweise umstritten. Wie das Bundesverfassungsgericht Gebhardt, S. 90 f.; Geiger, § 32 Anm. 5; Granderath, NJW 1971, 542 (543); Lechner, § 32, Abs. 1 Anm. 3. b); Schmitz, S. 5; Tüttenberg, S. 53 f.; Bedenken gegen eine solche Vorgehensweise finden sich bei Erichsen, FG BVerfG Bd. 1, S. 170 (178); Friesenhahn, S. 98; Fuß, DÖV 1959, 201 (203); Helfferich, S. 18 ff.; Klein in Maunz/Schmidt-Bleibtreu/Klein/Ulsamer, § 32 Rdnr. 26 f.; Leibholz, FS Ambrosini, S. 1163 (1166 f.).
[300] So auch Erichsen, FG BVerfG Bd. 1, S. 170 (178); vgl. dazu § 80 Abs. 5, § 123 Abs. 1 VwGO, § 920 Abs. 1 ZPO, § 97 Abs. 2 SGG, § 114 Abs. 1 FGO, § 19a rhl.-pf. VerfGHG, § 21 Abs. 1 saarl. VGHG.

findet, keinen Erfolg verspricht, weil keine andere Verfahrensart vor diesem Gericht den gewünschten Erfolg herbeiführen kann.

So wurde bei einer beantragten einstweiligen Anordnung gegen den Vollzug der Änderungsverordnung zur Verordnung über das Landesentwicklungsprogramm Bayern[301] die Frage aufgeworfen, ob eine einstweilige Anordnung überhaupt Einfluß auf den Weiterbau der geplanten Sammelstelle für mittel- und schwachradioaktive Abfälle hätte. Auf die förmliche landesplanerische Festlegung kam es möglicherweise gar nicht mehr an[302], da die einzig erforderliche atomrechtliche Genehmigung nach § 3 StrSchV[303] bereits erteilt war. Das Ziel der Antragsstellerin war, die vorläufige Einstellung des Bauvorhabens zu erreichen. Richtiger Rechtsbehelf wäre Widerspruch und Anfechtungsklage gegen die atomrechtliche Genehmigung gewesen; einstweiligen Rechtsschutz hätte § 80 VwGO gewährt.

Die Frage des Rechtsschutzbedürfnisses wurde weiter im Zusammenhang mit dem Problem geprüft, ob der Freistaat Bayern trotz Unwirksamkeit im Innenverhältnis an den Rechtsgehalt eines Staatsvertrages im Außenverhältnis zu den übrigen vertragsschließenden Bundesländern gebunden ist[304]. Es handelte sich dabei um den Staatsvertrag über die Vergabe von Studienplätzen[305]. Richtiger Rechtsbehelf wäre hier Widerspruch und Anfechtungsklage gegen die Entscheidung der Zentralstelle im Vergabeverfahren gewesen. Der Verfassungsgerichtshof kam jedoch zu dem Ergebnis, daß seine Entscheidung zum Zustimmungsbeschluß auch für die übrigen Länder verbindlich sei. Der Gedanke der Bundestreue und der Länderverbundenheit verbiete es, geltend zu machen, verfassungsrechtliche Mängel seien im Außenverhältnis ohne Bedeutung[306]. Daher wurde der Gedanke des Rechtsschutzbedürfnisses nicht weiter erörtert.

---

[301] Vom 9. März 1982, GVBl. S. 151.
[302] VerfGH 36, 192 (195); dieser Aspekt wurde aber nicht weiter erörtert, weil der Antrag auf Erlaß einer einstweiligen Anordnung schon aus anderen Gründen abzuweisen war.
[303] Strahlenschutzverordnung vom 13. Oktober 1976, BGBl. I S. 2905.
[304] VerfGH 26, 101 (109).
[305] Vom 20. Oktober 1972 in der Fassung der Bekanntmachung vom 16. März 1973 (GVBl. S. 98, 285).
[306] Vgl. VerfGH 26, 101 (109 f.).

§ 5 Die Begründetheit der einstweiligen Anordnung

A. Einfluß der Erfolgsaussichten in der Hauptsache auf das Verfahren des einstweiligen Rechtsschutzes

Umstritten ist die Frage, ob der Einfluß der Erfolgsaussichten in der Hauptsache bei der Zulässigkeit oder bei der Begründetheit geprüft werden soll. Klein rechnet sie zu den Zulässigkeitsvoraussetzungen[307], Tüttenberg[308] und Helfferich[309] ordnen die Zulässigkeit der Hauptsache der Zulässigkeit der einstweiligen Anordnung zu, während die Begründetheit in der Begründetheitsstation der einstweiligen Anordnung geprüft werden soll.

Der Einfluß der Erfolgsaussichten in der Hauptsache gehört als Pendant zum Anordnungsanspruch, gleichsam als reduzierte Anspruchsprüfung, nicht zu den Prozeßvoraussetzungen, sondern es handelt sich dabei um eine materielle Voraussetzung für den Erlaß von einstweiligen Anordnungen. Deshalb prüft der Bayerische Verfassungsgerichtshof diesen Punkt in der Begründetheitsstation.

I. Keine Vorwegnahme der Hauptsache

Die Entscheidung im Verfahren des einstweiligen Rechtsschutzes soll grundsätzlich nicht die Entscheidung in der Hauptsache vorwegnehmen[310]. Dennoch bleiben Zulässigkeit und Begründetheit des Verfahrens in der Hauptsache nicht gänzlich ohne Bedeutung für den möglichen Erlaß einer einstweiligen Anordnung; denn der Bayerische Verfassungsgerichtshof hat immer wieder betont, daß dann kein Platz für den Erlaß von einstweiligen Anordnungen gegeben ist, wenn eine summarische Vorprüfung ergibt, daß das Hauptverfahren selbst unzulässig oder unbegründet ist[311].

---

[307] Klein in Maunz/Schmidt-Bleibtreu/Klein/Ulsamer, § 32 Rdnr. 14.
[308] Tüttenberg, S. 42 ff.
[309] Helfferich, S. 26 ff.
[310] Vgl. VerfGH 35, 105 (110); 36, 211 (212); 35, 82 (87); 1, 1 (15); E. vom 5. September 1980, Vf. 135-IV-80, S. 17 = VerfGH 33, 139 (insoweit nicht abgedruckt).
[311] Vgl. für die Popularklage VerfGH 15, 80 (81); 16, 53 (55); 22, 127 (128); 25, 83 (87); 26, 101 (109); 31, 33 /40); 34, 196 (198); 36, 192 (194); für die Verfassungsbeschwerde VerfGH 22, 129 (130); 26, 141 (143); 29, 24 (25).

II. Einfluß der Zulässigkeit der Hauptsache

Bei offensichtlicher Unzulässigkeit des Verfahrens in der Hauptsache wird der Erlaß von einstweiligen Anordnungen abgelehnt[312]. Die Frage der Zulässigkeit des Hauptsacheverfahrens braucht jedoch nicht weiter vertieft werden, solange nicht davon ausgegangen werden kann, daß das Hauptsacheverfahren offensichtlich unzulässig ist[313]. Ergeben sich jedoch bei der Frage der Zulässigkeit Zweifel, so ist der angezweifelte Punkt näher zu untersuchen[314]. Dabei muß nicht endgültig über die Zulässigkeit entschieden werden. Es genügt für die Ablehnung einer beantragten einstweiligen Anordnung, daß die Bedenken hinsichtlich der Unzulässigkeit der Hauptsache durchgreifen[315]; es handelt sich insoweit um eine Prognoseentscheidung[316]. Auf jeden Fall rechtfertigt ein unzulässiges Hauptsacheverfahren nicht den Erlaß einer einstweiligen Anordnung[317]. Andererseits ging der Verfassungsgerichtshof bei Fragen, die wegen ihrer Komplexität erst im Hauptsacheverfahren geklärt werden konnten, zugunsten des Antragstellers davon aus, daß diese Gründe dem Erlaß einer einstweiligen Anordnung nicht entgegenstehen[318].

Der Verfassungsgerichtshof konnte wegen des subsidiären Charakters der Verfassungsbeschwerde dieser im Rahmen der Prognose keine Aussicht auf Erfolg beimessen, da nicht alle prozessualen und faktischen Möglichkeiten ausgeschöpft worden waren; der Antrag auf Erlaß einer einstweiligen Anordnung wurde abgelehnt[319]. Die Entscheidungen der Fachgerichte sind auch im Rahmen des Erlasses von Maßnahmen des einstweiligen Rechtsschutzes als vorrangig gegenüber dem Verfassungsbeschwerdeverfahren anzusehen[320]. Die mangelnde Erschöpfung des Rechtswegs im Hauptsacheverfahren führte ebenfalls dazu, daß der Gerichtshof einem Antrag auf Erlaß einer einstweiligen Anordnung nicht stattgab[321]. Schließlich wurde der Erlaß einer einstweiligen

---

[312] Vgl. für die Popularklage VerfGH 15, 80 (81); 22, 127 (128 f.); 25, 83 (87); 26, 101 (108); 31, 33 (40); 33, 111 (123); 33, 139; 34, 196 (197); 36, 192 (194); 38, 71 (74); für die Verfassungsbeschwerde VerfGHE vom 1. April 1969, Vf. 22-VI-69 S. 5 f., siehe unten S. 134; VerfGH 38, 38 (41); 36, 211 (213 ff.).
[313] Siehe VerfGH 33, 139.
[314] Vgl. VerfGH 36, 211 (213 f.).
[315] VerfGH 36, 211 (215).
[316] So ausdrücklich VerfGH 38, 38 (41).
[317] Vgl. VerfGH 38, 71 (74).
[318] VerfGH 25, 83 (88).
[319] VerfGH 38, 38 (41); E. vom 21. November 1969, Vf. 96-VI-69 S. 6, siehe unten S. 136.
[320] VerfGH 38, 38 (42).
[321] Vgl. VerfGHE vom 21. November 1969, Vf. 96-VI-69 S. 5 f., siehe unten S. 136.

Anordnung in einem Popularklageverfahren abgelehnt, da es sich bei einer Bekanntmachung des Bayerischen Staatsministerium des Inneren weder nach Form noch nach Inhalt um eine Rechtsverordnung im Sinn von Art. 98 S. 4 BV, Art. 53 Abs. 1 S. 2 VfGHG gehandelt hatte, so daß aus diesem Grund die Popularklage unzulässig war[322].

III. Einfluß der Begründetheit der Hauptsache

Auch ein offensichtlich unbegründetes Hauptsacheverfahren rechtfertigt nicht den Erlaß einer einstweiligen Anordnung; hier wird der Erlaß abgelehnt, wenn es offensichtlich an der Verfassungswidrigkeit einer beanstandeten Maßnahme mangelt oder es an der Verletzung eines verfassungsmäßigen Rechts fehlt.

Ein Antrag auf Erlaß einer einstweiligen Anordnung hatte keinen sachlichen Erfolg, weil keine besonderen Umstände für die Verletzung des Rechts auf Gehör nach Art. 91 Abs. 1 BV geltend gemacht werden konnten[323]. In einem anderen Verfahren konnte bei der Rüge der Verletzung des Rechts auf den gesetzlichen Richter nach Art. 86 Abs. 1 S. 2 BV keine willkürliche Verletzung festgestellt werden; es lag vielmehr nur ein Verfahrensirrtum vor, so daß der Verfassungsgerichtshof den Erlaß einer einstweiligen Anordnung schon aus diesem Grund abgelehnt hat[324].

IV. Offensichtliche Verfassungswidrigkeit

Der Antrag auf Erlaß einer einstweiligen Anordnung hat dann ohne weitere Prüfung Erfolg, wenn die Verfassungswidrigkeit der beanstandeten Maßnahme offensichtlich wäre; allein die offensichtliche Verfassungswidrigkeit würde den Erlaß rechtfertigen. In den Fällen, in denen bisher der Verfassungsgerichtshof dieses Kriterium ansprach, kam jedoch die Verfassungswidrigkeit noch nie so deutlich zum Ausdruck, als daß er eine einstweilige Anordnung erlassen hätte[325].

---

[322] VerfGH BayVBl. 1987, 718.
[323] VerfGHE vom 25. September 1969, Vf. 72-VI-69, S. 9 f., siehe unten S. 135.
[324] VerfGHE vom 31. Juli 1969, Vf. 77-VI-69, S. 6 f., siehe unten S. 135.
[325] Vgl. für die Popularklage VerfGH 16, 53 (55); 33, 111 (124); 34, 196 (198); 36, 192 (194); für die Verfassungsbeschwerde VerfGH 26, 101 (110).

B. Anordnungsgrund

Die Besonderheit bei der Prüfung der Begründetheit im Verfahren des vorläufigen Rechtsschutzes vor dem Bayerischen Verfassungsgerichtshof liegt bei der Abwägung der Interessen. Abgesehen von der offensichtlichen Erfolglosigkeit in der Hauptsache oder der offensichtlichen Verfassungswidrigkeit der angefochtenen Maßnahme als Randkorrektiv bleibt das materielle Recht unberücksichtigt.

I. Strenger Maßstab

Der Verfassungsgerichtshof legte von Anfang an — und zwar in jeder Verfahrensart — an die Voraussetzungen, unter denen eine einstweilige Anordnung erlassen wird, einen strengen Maßstab an[326]. Einstweiliger Rechtsschutz soll im Verfahren vor dem Verfassungsgerichtshof nur in Ausnahmefällen gewährt werden.

Wegen der weitreichenden Folgen, die eine einstweilige Anordnung in einem verfassungsgerichtlichen Verfahren auslösen kann, sei größte Zurückhaltung geboten[327]. Dabei seien alle in Frage kommenden Belange und widerstreitenden Interessen zu berücksichtigen und gegeneinander abzuwägen[328]. Im folgenden soll dargestellt werden, wie dieser Forderung Rechnung getragen wird.

II. Folgenfeststellung

Zunächst stellt der Verfassungsgerichtshof die Folgen fest[329]. Bei der Entscheidung über den Antrag auf Erlaß einer einstweiligen Anordnung sind die

---

[326] Vgl. für die Verfassungsbeschwerde VerfGH 36, 211 (212); 38, 38 (40); E. vom 23. Januar 1987, Vf. 7-VI-87 S. 4, siehe unten S. 128; E vom 2. Februar 1987, Vf. 11-VI-87 S. 5, siehe unten S. 128; VerfGH 40, 65 (68); für die Popularklage VerfGH 10, 54 (55); 18, 50; 22, 127 (128); 25, 83 (89); 26, 101 (108); 31, 33 (40); 33, 111 (138); 34, 196 (197); E. vom 16. September 1982, Vf. 6-VII-82 S. 7, siehe unten S. 138; VerfGH 36, 192 (194); 38, 71 (73); für das Verfassungsstreitverfahren VerfGH 35, 82 (87); 35, 105 (114).
[327] VerfGH 10. 54 (55); 15, 80 (81); 26, 101 (110); 31, 33 (41).
[328] VerfGH 31, 33 (41) im Anschluß an BVerfGE 12, 276 (280).
[329] Vgl. für die Popularklage VerfGH 10, 54 (55); 16, 53 (54); 25, 83 (89); VerfGH BayVBl. 1973, 537 (538); VerfGH 26, 101 (110); 31, 33 (41); 33, 41; 34, 196 (198); 36, 192 (195); Meder, Art. 98 Rdnr. 30; für die Verfassungsbeschwerde VerfGHE vom

Folgen abzuwägen, die einträten, wenn die einstweilige Anordnung nicht erginge, das Hauptsacheverfahren aber später Erfolg hätte, gegenüber den Nachteilen, die entstünden, wenn die einstweilige Anordnung erlassen würde, der Hauptsache aber später der Erfolg zu versagen wäre.

III. Unabweisbarkeit des Erlasses

Die für eine vorläufige Regelung sprechenden Gründe müssen so schwerwiegend sein, daß sie den Erlaß einer einstweiligen Anordnung unabweisbar machen[330]; dabei ist nach den einzelnen Verfahrensarten zu differenzieren, denn sie weisen verschiedene Voraussetzungen auf.

1. Popularklage

Als Anordnungsgrund bei der Popularklage kommen nur schwere Nachteile für die Allgemeinheit in Frage[331]; dem großen Kreis der möglichen Antragsteller korrespondiert dieses Erfordernis. Wirtschaftliche oder berufliche Nachteile, die einzelne durch den Vollzug der Norm haben, können grundsätzlich die Aussetzung des Vollzugs dieser Norm nicht rechtfertigen[332]. Die Nachteile, die bei Stattgabe der einstweiligen Anordnung oder bei deren Ablehnung drohen, werden im Wege der Folgenbestimmung ermittelt. Dabei müssen die Gründe, die für den Erlaß der einstweiligen Anordnung sprechen, überwiegen.

Bei der Neuregelung der Studienplatzvergabe durch die ZVS konnte nicht gesagt werden, daß die Nachteile, die bestimmte Altwarter durch die Neuregelung hinnehmen müssen, wesentlich schwerer wiegen als die Nachteile, die andere Studienbewerber hinnehmen müßten, wenn ihnen ein auf Grund dieser Neuregelung zugeteilter Platz im Wege einer einstweiligen Anordnung wieder weggenommen werden würde. So war der Antrag auf Erlaß einer einstweiligen Anordnung abzulehnen.[333]

---

6. November 1981, Vf. 123-VI-81 S. 10, siehe unten S. 127; VerfGH 38, 38 (40); Meder, Art. 120 Rdnr. 42.
[330] Siehe für die Popularklage VerfGH 16, 53 (54); 25, 83 (89); 26, 101 (110); 31, 34 (41); 33, 111 (124); 36, 192 (195); für die Verfassungsbeschwerde VerfGH 36, 211 (212); für das Verfassungsstreitverfahren VerfGH 35, 82 (87); 35, 105 (114).
[331] VerfGH 16, 53 (54); 25, 83 (89); 26, 101 (110); 31, 33 (41); 33, 111 (124).
[332] VerfGH 15, 80 (81); 16, 53 (54); 18, 50; 25, 83 (89); VerfGH BayVBl. 1973, 537 (538); VerfGH 26, 101 (110); 33, 111 (124).
[333] VerfGH 33, 111.

§ 5 Begründetheit

In einem anderen Fall bestand die Gefahr erheblicher Nachteile für die Allgemeinheit durch nicht rechtzeitige Bereitstellung eines Zwischenlagers für schwach- und mittelradioaktive Abfälle. Eine mögliche Einschränkung der Planungshoheit der antragenden Gemeinde wog dagegen nicht so schwer, als daß sie den Erlaß einer einstweiligen Anordnung gerechtfertigt hätte[334].

Bei der beabsichtigten Verlegung zweier aufgelöster Amtsgerichte wurde dagegen der Vollzug des die Verlegung anordnenden Gesetzes vorläufig ausgesetzt, da bei einem Unterbleiben des vorläufigen Rechtsschutzes tatsächliche Vorgänge und Handlungen rechtserhebliche Veränderungen bewirken könnten, die nur mit für die Allgemeinheit verbundenen erheblichen Nachteilen wieder rückgängig gemacht werden könnten. Der ohne den Vollzug der angefochtenen Vorschrift bestehende Zustand konnte ohne erkennbaren Nachteil für die Bevölkerung beibehalten werden[335].

Weiterhin befaßte sich der Verfassungsgerichtshof mit der Herabsetzung der Altersgrenze für Lehrer an öffentlichen Schulen. Ohne den Erlaß einer einstweiligen Anordnung wären auf die betroffenen Lehrer finanzielle Nachteile und der Verlust des Beamtenstatus zugekommen. Im Falle des Obsiegens in der Hauptsache hätten sie zudem Nachzahlungsansprüche geltend machen können, so daß wichtige Gründe des Gemeinwohls die Aussetzung der angefochtenen Regelung rechtfertigten. Zwar kam es nun zu Beeinträchtigungen gewisser Chancen der Lehramtsanwärter; dies stellte jedoch keinen Eingriff in bestehende Rechte dar, wie dies bei den betroffen Lehrern der Fall gewesen wäre, so daß die Interessen der Lehramtsanwärter geringer wogen[336].

Schließlich befaßte er sich mit der Verfassungsmäßigkeit des Zwangspensionierungsverfahrens nach Art. 58 Abs. 1 S. 2 BayBG. Zweck der angefochtenen Regelung war, eine möglichst baldige Entscheidung über die Dienstfähigkeit der Betroffenen herbeizuführen und damit eine mögliche Schädigung der Allgemeinheit abzuwenden. Bei einer Aussetzung der angegriffenen Vorschrift hätte möglicherweise das höherwertige Gut der Funktionsfähigkeit der öffentlichen Verwaltung Schaden genommen. Auf der anderen Seite hätte auch ohne einstweilige Anordnung des Verfassungsgerichtshofs für die betroffenen Beamten die Bestellung eines Pflegers für das Zwangspensionierungsverfahren vom Dienstvorgesetzten beim Amtsgericht beantragt werden können. Gegen die Entscheidung des Amtsgerichts wäre der in den §§ 19 ff. FGG vorgesehene Rechtsweg eröffnet gewesen[337].

---

[334] VerfGH 36, 192.
[335] VerfGH, BayVBl. 1973, 537.
[336] VerfGHE vom 12. September 1977, Vf. 8-VII-77 S. 12, siehe unten S. 127.
[337] VerfGH 34, 196 (198 f.).

2. Verfassungsbeschwerde

Der Verfassungsgerichtshof fordert für den Erlaß einstweiliger Anordnungen im Verfassungsbeschwerdeverfahren drohende unbillige Härten oder schwere Nachteile als Voraussetzung[338]. Dabei wird mit dem Erfordernis des wesentlichen Nachteils wie bei der Popularklage auf die Schwere des Eingriffs abgestellt. Zusätzlich wird aber auch bei Vorliegen einer drohenden unbilligen Härte der Erlaß einer einstweiligen Anordnung für möglich gehalten. Damit wird nicht auf die Schwere der Beeinträchtigung abgestellt, sondern darauf, ob ein einzelner im Vergleich zu anderen besonders betroffen wird. Im Rahmen der Prüfung des Nachteils kann es auch von Bedeutung sein, wann die Entscheidung in der Hauptsache ergeht. Je eher dies geschieht, desto weniger besteht ein Bedürfnis für eine einstweilige Anordnung[339].

Die Beeinträchtigung wirtschaftlicher Interessen wiegt geringer als die mögliche Verletzung eines Grundrechts; so wurde bei einer für möglich gehaltenen Verletzung des Grundrechts auf Rundfunkfreiheit nach Art. 111a BV eine einstweilige Anordnung erlassen[340].

Dagegen liegt die Vollstreckung von rechtskräftig verhängten Dienststrafen im öffentlichen Interesse. Die Einbehaltung eines Zehntels der Dienstbezüge bedeutet keinen so schweren Nachteil, der den Erlaß einer einstweiligen Anordnung rechtfertigen würde[341]. Die wirtschaftliche Existenz sei nicht bedroht und bei Erfolg in der Hauptsache stehe dem Antragsteller ein Anspruch auf Nachzahlung zu.

Sind die Interessen des Antragstellers am Erlaß einer einstweiligen Verfügung nicht höher zu werten als die Interessen derjenigen, die den bestehenden Zustand beibehalten wollen, so ist wegen mangelnder Unabweisbarkeit der Antrag auf Erlaß einer einstweiligen Anordnung zurückzuweisen[342].

---

[338] VerfGHE vom 1. April 1969, Vf. 22-VI-69 S. 5, siehe unten S. 134; E. vom 21. November 1969, Vf. 96-VI-69 S. 5, siehe unten S. 136; E. vom 6. November 1981, Vf. 123-VI-81 S. 9, siehe unten S. 127; VerfGH 38, 38 (40); E. vom 23. Januar 1987, Vf. 7-VI-87 S. 4, siehe unten S. 128; E. vom 2. Februar 1987, Vf. 11-VI-87 S. 5, siehe unten S. 128; VerfGH 40, 65 (67).
[339] Vgl. VerfGHE vom 5. Oktober 1967, Vf. 132.VI-67 S. 9, siehe unten S. 134.
[340] VerfGHE vom 23. Januar 1987, Vf. 7-VI-87 S. 8, siehe unten S. 128; E. vom 2. Februar 1987, Vf. 11-VI-87 S. 7, siehe unten S. 128.
[341] VerfGHE vom 10. April 1962, Vf. 17-VI-62 S. 3 f., siehe unten S. 130.
[342] VerfGHE vom 8. November 1985, Vf. 98-VI-85, siehe unten S. 139; E. vom 8. November 1985, Vf. 93-VI-85, siehe unten S. 139.

§ 5 Begründetheit 73

Bei einer weiteren Entscheidung wurde bei einer gegen Vollstrekkungsmaßnahmen begehrten einstweiligen Anordnung das Interesse des Vollstreckungsgläubigers höher gewertet als das des Vollstreckungsschuldners. Angesichts der schlechten finanziellen Lage des Schuldners, die dieser auch selbst eingeräumt hat, wären dem Gläubiger bei einer späteren Vollstreckung erhebliche Nachteile entstanden. Sollte andererseits der antragende Schuldner in der Hauptsache Erfolg haben, so könnte dieser vom Gläubiger Schadenersatz fordern und erhalten. Aus diesen Gründen war die vom Schuldner beantragte einstweilige Anordnung nicht zu erlassen[343].

Schließlich ging es in einem Verfahren um das Sorgerecht für zwei Waisenkinder. Die Kinder befanden sich noch bei den Großeltern mütterlicherseits. Obwohl die Großeltern väterlicherseits ein rechtskräftiges Urteil hatten, in dem ihnen das Sorgerecht zugesprochen wurde, wurde dessen Vollzug bis zur Entscheidung in der Hauptsache vorläufig ausgesetzt. Der Nachteil eines zweimaligen Wechsels der Bezugspersonen und der Umgebung, nämlich bei sofortigem Vollzug und dann wieder, wenn die Großeltern mütterlicherseits mit ihrer Verfassungsbeschwerde Erfolg haben würden, wöge schwerer als die Aufrechterhaltung des derzeitigen Zustandes bis zur Entscheidung in der Hauptsache[344].

IV. Glaubhaftmachung

Das Vorliegen eines Anordnungsgrundes ist glaubhaft zu machen. Die Glaubhaftmachung, auf die über die Verweisung in § 26 der Geschäftsordnung § 920 Abs. 2, § 294 ZPO Anwendung finden, muß einer möglichen summarischen Prüfung standhalten. Der Verfassungsgerichtshof hat wegen mangelnder Glaubhaftmachung eines Anordnungsgrundes den Erlaß einer einstweiligen Anordnung bereits in einem Fall abgelehnt[345].

V. Die Anklageverfahren als Ausnahme

Die einstweilige Anordnung, die in Anklageverfahren nach Art. 61 Abs. 1 BV möglich ist[346], unterscheidet sich in ihren Voraussetzungen von der bis-

---

[343] VerfGHE vom 14. Juni 1966, Vf. 59-VI-66, siehe unten S. 132.
[344] VerfGHE vom 6. November 1981, Vf. 123-VI-81, siehe unten S. 127.
[345] Vgl. VerfGH 35, 82 (87); vgl. auch VerfGH 35, 105 (114).
[346] Siehe oben S. 44 f.

her erörterten einstweiligen Anordnung[347]. Hier findet keine Folgenabwägung statt, sondern es wird auf den vermeintlichen Ausgang des Anklageverfahrens und damit auf das zugrundeliegende materielle Recht abgestellt: Je wahrscheinlicher die Verurteilung ist, desto dringender ist der Angeklagte schon vorläufig seines Amtes zu entheben[348], um auch den Schaden für das Amt als solches möglichst gering zu halten.

C. Besondere Voraussetzungen beim Erlaß einstweiliger Anordnungen außerhalb anhängiger Verfahren

Beim Antrag auf Erlaß einstweiliger Anordnungen außerhalb eines anhängigen Hauptverfahrens fordert der Verfassungsgerichtshof nach dem Vortrag der Klageabsicht und der Voraussetzungen des Hauptsacheverfahrens[349] auch deren Glaubhaftmachung[350]. Da jedoch der Vortrag der Klageabsicht nicht notwendig ist, weil auf ein Verfahren des einstweiligen Rechtsschutzes kein Hauptsacheverfahren folgen muß[351], ist folglich auch deren Glaubhaftmachung entbehrlich.

---

[347] So auch für die Bundespräsidentenanklage nach Art. 61 GG, § 53 BVerfGG Herzog in Maunz/Dürig/Herzog, Art. 61 Rdnr. 66 ff.; Lechner, § 53; Leibholz/ Rupprecht, § 53; Maunz in Maunz/Schmidt-Bleibtreu/Klein/Ulsamer, § 53.
[348] Herzog in Maunz/Dürig/Herzog, Art. 61 Rdnr. 66, spricht davon, den Amtsträger "aus dem Verkehr zu ziehen", wenn er unhaltbar geworden ist.
[349] Vgl. oben S. 59 f.
[350] Siehe VerfGH 23, 22; 33, 139.
[351] Vgl. oben S. 59 f.

§ 6 Das Verfahren beim Erlaß einstweiliger Anordnungen

Der Verfahrensablauf beim Erlaß einstweiliger Anordnungen im bayerischen Verfassungsprozeßrecht ist stark an den Verfahrensgang im Hauptverfahren angelehnt.

A. Belehrungsschreiben

Nachdem der Antrag auf Erlaß einer einstweiligen Anordnung[352] beim Verfassungsgerichtshof eingegangen ist, erhält der Antragsteller bei ungenügendem Vortrag ein Belehrungsschreiben vom Generalsekretär des Verfassungsgerichtshofs[353]. Darin wird der Antragsteller z.B. darauf aufmerksam gemacht, daß bei der Verfassungsbeschwerde nach Art. 120 BV die Handlung oder Unterlassung der Behörde, durch welche der Antragsteller verletzt sein soll, und das verfassungsmäßige Recht, dessen Verletzung der Beschwerdeführer geltend macht, gem. Art. 47 VfGHG zu bezeichnen sind.

Das Institut des Belehrungsschreibens hat sich in der Praxis des Verfassungsverfahrens entwickelt und bewährt, ohne daß es im Verfassungsgerichtshofgesetz oder in der Geschäftsordnung vorgegeben wäre. Damit wird dem rechtsunkundigen Bürger die Möglichkeit gegeben, seinen Sachvortrag zu ergänzen oder Formerfordernisse zu erfüllen, um somit der Abweisung seines Antrags als offensichtlich unzulässig oder offensichtlich unbegründet vorzubeugen.

B. Vertretung

Grundsätzlich kann jeder selbst seine Rechte vor dem Verfassungsgerichtshof wahrnehmen. Nach Art. 14 Abs. 1 S. 1 VfGHG können sich die Betei-

---

[352] In § 10 der Geschäftsordnung des Verfassungsgerichtshofs ist festgelegt, daß das Verfahren nur auf schriftlichen Antrag eingeleitet wird; dabei sind dem Antrag so viele Abschriften beizufügen, wie weitere Beteiligte vorhanden sind, vgl. § 10 Abs. 2 GeschO.
[353] Vgl. zu Bedeutung und Stellung des Generalsekretärs des Bayerischen Verfassungsgerichtshofs Knöpfle, S. 68 ff.

ligten jedoch auch in jeder Lage des Verfahrens durch einen Bevollmächtigten vertreten lassen. Der Personenkreis, aus dem der Bevollmächtigte bestellt werden kann, ergibt sich aus § 9 Abs. 1 S. 1 der Geschäftsordnung: Es handelt sich zunächst um Rechtsanwälte und Rechtslehrer an Hochschulen; darüberhinaus können Vertreter beruflicher, genossenschaftlicher und gewerkschaftlicher Vereinigungen für den von ihnen in dieser Eigenschaft vertretenen Personenkreis agieren. Andere Personen können zurückgewiesen werden, wenn sie die Vertretung gewerbsmäßig betreiben oder zum geeigneten Vortrag unfähig sind, § 9 Abs. 1 S. 2 GeschO. Das Verfahren vor dem Bayerischen Verfassungsgerichtshof kennt in einigen Fällen einen Vertretungszwang; darüberhinaus kann in bestimmten Fällen aufgetragen werden, einen Prozeßvertreter zu bestellen.

I. Vertretungszwang

Bei der Entscheidung über den Ausschluß von Wählergruppen nach Art. 15 Abs. 2, Art. 62 BV müssen sich nach Art. 39 Abs. 2 VfGHG der Antragsteller und die Wählergruppe durch einen Bevollmächtigten vertreten lassen.

Auch bei Meinungsverschiedenheiten nach Art. 75 Abs. 3 BV innerhalb des Landtags oder des Senats müssen die Beteiligten einen oder mehrere Bevollmächtigte wählen, durch welche der Antrag einzureichen ist, Art. 42 Abs. 3 S. 1 VfGHG.

Schließlich muß sich bei der Entscheidung über die Gültigkeit der Wahl eines Senators nach Art. 18 SenG eine Senatsminderheit, soweit sie beteiligt ist, durch einen Bevollmächtigten vertreten lassen, § 58 Abs. 2, § 36 Abs. 3 S. 1 GeschO.

Diese Vertretungszwänge sind auch im Verfahren des einstweiligen Rechtsschutzes zu beachten.

II. Auferlegung eines Prozeßvertreters

Nach § 48 der Geschäftsordnung des Bayerischen Verfassungsgerichtshofs kann demjenigen, der Verfassungsbeschwerde erhoben hat, aufgetragen werden, einen Bevollmächtigten zu bestellen. Voraussetzung für eine solche Bestellung ist, daß dies die Sach- oder Rechtslage erfordert oder der Beschwerdeführer nicht zum Vortrag geeignet ist. Die Rechtsfolge der Auferlegung eines Prozeßvertreters ist, daß nur dieser rechtswirksam Anträge stellen und rechtsverbindliche Erklärungen abgeben kann[354]; nurmehr der Prozeßvertreter ist postulationsfähig.

§ 6 Verfahren

Der Verfassungsgerichtshof hatte in zwei Entscheidungen die Gelegenheit, die Verfassungsmäßigkeit dieser Vorschrift zu bejahen[355]. Zum einen ist es im eigenen Interesse des Antragstellers, wenn er sich eines rechtserfahrenen, verhandlungsgewandten Vertreters bedient[356]. Andererseits besteht auch ein öffentliches Interesse an der Gewährleistung eines ungehinderten, der Bedeutung des Gerichts angemessenen Verfahrensablaufes[357]. Zudem dient es der Rechtspflege, durch Einschaltung rechtskundiger, erfahrener Vertreter aussichtslose Rechtsstreitigkeiten fernzuhalten und anhängig werdende mit gedrängtem, geordneten Tatsachenstoff, und diesen in juristischer Bearbeitung, vorzulegen[358].

Bedenken könnten sich daraus ergeben, daß es sich bei dieser Regelung um einen fakultativen Vertretungszwang[359] handelt. Zwar ist der Vertretungszwang ein allgemein vorzufindender Rechtsgedanke[360], aber meist gilt er generell für bestimmte Verfahren oder Verfahrensabschnitte[361]. Eine vergleichbare Regelung ist im Verfahren vor den Verwaltungs- und Oberverwaltungsgerichten nach § 67 Abs. 2 S. 2 VwGO zu finden. Dabei wird die Verfassungsmäßigkeit dieser Vorschrift wegen Fehlens jeglicher tatbestandsmäßiger Voraussetzungen bezweifelt[362]. Die Regelung des § 46 GeschO ist jedoch von tatbestandlich hinreichenden Kriterien abhängig gemacht[363]. Außerdem ergibt sich aus dem Grundsatz der Amtsermittlung, daß das Vorbringen des Antragstellers nicht unberücksichtigt bleibt[364].

Bei der Popularklage nach Art. 98 S. 4 BV kann in entsprechender Anwendung von Art. 67 Abs. 2 VwGO ebenfalls die Bestellung eines Prozeßvertreters auferlegt werden[365]. Die gegen die Regelung des § 67 Abs. 2 VwGO vorgebrachten Bedenken können dadurch entkräftet werden, daß man auch in diesem Fall die Tatbestandsmerkmale des § 48 GeschO entsprechend anwendet.

---

[354] Vgl. VerfGH 6, 136 (139).
[355] VerfGH 6, 136; 34, 178.
[356] Siehe VerfGH 6, 136 (140).
[357] Vgl. VerfGH 34, 178 (179).
[358] VerfGH 6, 136 (140).
[359] So der Ausdruck von Redeker/v. Oertzen, § 67 Rdnr. 10.
[360] Siehe VerfGH 6, 136 (140).
[361] Vgl. die Regelungen der §§ 78 ff., § 157 ZPO, § 29 Abs. 1 S. 2 FGG, § 67 Abs. 2 S. 1 VwGO, § 11 ArbGG, § 62 Abs. 2 FGO, § 166 SGG, § 22 Abs. 1 S. 1 BVerfGG, § 345 Abs. 2, § 172 Abs. 3 StPO.
[362] Vgl. Kopp, § 67 Rdnr. 21 a.E.
[363] VerfGH 34, 178 (179).
[364] Siehe VerfGH 6, 136 (142).
[365] Vgl. Domcke, Landesverfassungsgerichtsbarkeit Teilbd. 2, S. 231 (251).

C. Besondere Voraussetzungen bei der Verfassungsbeschwerde

Soweit hinsichtlich des Beschwerdegegenstandes der Rechtsweg offensteht, ist nachzuweisen, daß er erschöpft worden ist, Art. 47 Abs. 2 S. 1 VfGHG. Dies gilt auch für das Verfahren des einstweiligen Rechtsschutzes, denn läge diese Voraussetzung nicht vor, so würde diese offensichtliche Unzulässigkeit des Hauptsacheverfahrens zur Abweisung des Antrags auf Erlaß einer einstweiligen Anordnung führen. Wurde der Nachweis nicht erbracht, so kann ihn der Präsident des Verfassungsgerichtshofs unter Setzung einer Frist beim Beschwerdeführer anfordern. Nach fruchtlosem Ablauf der Frist wird der Antrag auf Erlaß einer einstweiligen Anordnung entsprechend § 47 S. 2 GeschO zurückgewiesen.

Ist der Rechtsweg nicht zulässig und wird die Beschwerde gegen eine einem Staatsministerium nachgeordnete Behörde erhoben, so muß der Beschwerdeführer nachweisen, daß er innerhalb eines Monats, seit er von der Handlung der Behörde Kenntnis hat, ohne Erfolg bei dem zuständigen Staatsministerium um Abhilfe nachgesucht hat[366], Art. 47 Abs. 3 VfGHG. Wurde dieser Nachweis nicht erbracht, so kann ihn auch hier der Präsident mit den in § 47 GeschO angeordneten Folgen anfordern.

D. Auferlegung eines Kostenvorschusses

Grundsätzlich ist das Verfahren vor dem Verfassungsgerichtshof kostenfrei, Art. 22 Abs. 1 S. 1 VfGHG. Bei der Verfassungsbeschwerde nach Art. 120 BV kann jedoch der Verfassungsgerichtshof bei unzulässigen oder unbegründeten Beschwerden eine Gebühr bis 3000 Deutsche Mark auferlegen[367], Art. 22 Abs. 1 S. 2 VfGHG. Es kann auch schon bei Beginn des Verfahrens ein Kostenvorschuß angefordert werden, Art. 22 Abs. 1 S. 3 VfGHG. Damit soll dem Beschwerdeführer das mit der Verfassungsbeschwerde verbundene Kostenrisiko vor Augen geführt werden, wenn sich die Verfassungsbeschwerde als unzulässig oder unbegründet erweist[368].

---

[366] Wegen der verwaltungsgerichtlichen Generalklausel des § 40 Abs. 1 S. 1 VwGO sind kaum noch justizlose Hoheitsakte denkbar, vgl. auch oben S. 43 f. Die Bedeutung dieser Vorschrift ist deshalb gering.
[367] Vgl. zu den Kosten des Verfahrens unten S. 105 ff.

Über die Auferlegung wird in der kleinen Besetzung gem. den §§ 25, 13 Abs. 3 S. 2 GeschO entschieden; es sind damit der Präsident und zwei Berufsrichter, von denen einer dem Verwaltungsgerichtshof angehören muß, befaßt. Diese Entscheidung stellt eine gesetzlich abgesicherte Vorprüfung durch den Verfassungsgerichtshof in besonderer Besetzung dar[369]. Bei Nichteinzahlung des geforderten Kostenvorschusses entsteht ein — allerdings auflösend bedingtes — Verfahrenshindernis. Solange der Kostenvorschuß nicht gezahlt wurde, ist wegen des offensichtlichen Verfahrenshindernisses in der Hauptsache kein Erlaß einer einstweiligen Anordnung möglich.

Im Rahmen des einstweiligen Rechtsschutzes ist nur bei Verfahren, die einer Verfassungsbeschwerde zugeordnet sind, die Auferlegung eines Kostenvorschusses möglich.

E. Gelegenheit zur Äußerung

Wie im Verfahren in der Hauptsache wird vor dem Erlaß einer einstweiligen Anordnung den Beteiligten eine Gelegenheit zur Äußerung gegeben. Mit der Abschrift des Antrags werden sie aufgefordert, innerhalb einer bestimmten Frist eine Gegenerklärung abzugeben, § 10 Abs. 3 S. 2 GeschO.

Der Kreis der Berechtigten bestimmt sich dabei abhängig von der Verfahrensart nach dem Verfassungsgerichtshofgesetz. Dabei ist die Frist zur Äußerung, der summarischen Natur des Verfahrens entsprechend, sehr kurz bestimmt; im Einzelfall kann sie nur Stunden betragen[370]. Die Anhörungsverfahren zur einstweiligen Anordnung und zur Hauptsache können parallel laufen; eine einstweilige Anordnung kann schon erlassen werden, bevor die Anhörung zur Hauptsache abgeschlossen ist[371] oder die Gegenerklärung des Beschwer-

---

[368] Siehe VerfGH 33, 98 (99). Bei der Abhängigmachung des weiteren Verfahrens von der Einzahlung eines Kostenvorschusses handelt es sich um einen echten Vorschuß und nicht nur um eine Vorauszahlungspflicht, denn die Unterliegensgebühr wird erst bei Unterliegen mit Ende des Hauptverfahrens fällig. Vgl. auch die Möglichkeit einer Vorschußanforderung gem. § 34 Abs. 6 BVerfGG und dazu Ulsamer in Maunz/Schmidt-Bleibtreu/Klein/Ulsamer, § 34 Rdnr. 17 ff.; ders., EuGRZ 1986, 110 (112 f.)
[369] So VerfGH 33, 98 (99); vgl. auch die Ablehnung durch das Bundesverfassungsgericht bei oder nicht rechtzeitig gezahltem Kostenvorschuß gem. § 93b Abs. 1 Nr. 1 BVerfGG.
[370] So bei der VerfGHE vom 20. Januar 1987, Vf. 7-VI-87, siehe unten S. 128.

deführers gem. Art. 48 S. 2 VfGHG vorliegt[372]. Die Äußerungsberechtigten können auch erklären, daß sie sich nicht beteiligen wollen[373].

I. Ausschluß von Wählergruppen

Bei der Entscheidung über den Ausschluß von Wählergruppen an Wahlen und Abstimmungen gem. Art. 15 Abs. 2, Art. 62 BV ist der Antrag der beteiligten Wählergruppe zur Äußerung binnen einer zu bestimmenden Frist mitzuteilen, Art. 39 Abs. 1 S. 1 VfGHG. Gem. Art. 39 Abs. 1 S. 2 VfGHG steht dem Antragsteller ein Recht auf Gegenäußerung zu.

II. Wahl- und Mandatsprüfung

Bei der Entscheidung über die Gültigkeit der Wahl eines Senators nach Art. 18 SenG findet über die Verweisung in § 58 Abs. 2 der Geschäftsordnung des Verfassungsgerichtshofs Art. 41 VfGHG Anwendung. Art. 41 Abs. 3 VfGHG enthält Regelungen über das Recht zur Äußerung; danach ist den weiteren Beteiligten Gelegenheit zur Äußerung zu geben.

Der Kreis der Beteiligten bestimmt sich nach § 58 Abs. 1 und 2, § 36 GeschO. Es sind dies der Senator, dessen Mitgliedschaft bestritten wird (§ 58 Abs. 1 lit. a) GeschO), der Senat (§ 58 Abs. 1 lit. b) GeschO), eine Senatsminderheit, die wenigstens ein Drittel der gesetzlichen Mitgliederzahl umfaßt (§ 58 Abs. 1 lit. c) GeschO) und die Organisation, die behauptet, daß die Wahl in ihrer Gruppe nicht ordnungsgemäß zustande gekommen ist (§ 58 Abs. 1 lit. d) GeschO). Dem Antragsteller steht in entsprechender Anwendung von Art. 41 Abs. 3 S. 2 VfGHG ein Recht zur Gegenerklärung zu.

---

[371] Vgl. VerfGHE vom 12. September 1977, Vf. 8-VII-77 S. 5, siehe unten S. 127; E. vom 25. September 1980, Vf. 9-VII-80, S. 26 = VerfGH 33, 111 (insoweit nicht abgedruckt); E. vom 16. September 1982, Vf. 6-VII-82 S. 7, siehe unten S. 138.

[372] So in VerfGHE vom 6. November 1981, Vf. 123-VI-81 S. 9 f., siehe unten S. 127.

[373] Vgl. VerfGH 31, 33 (36); E. vom 25. September 1980, Vf. 9-VII-80 S. 26 = VerfGH 33, 111 (insoweit nicht abgedruckt); siehe zur Behandlung der Verfassungsklagen durch den Bayerischen Senat Näher, BayVBl. 1989, 135 ff.

III. Verfassungsstreitigkeiten

Bei Verfassungsstreitigkeiten zwischen obersten Staatsorganen nach Art. 64 BV erhalten die übrigen Streitsteile mit der Mitteilung des Antrags auf Entscheidung die Aufforderung zur schriftlichen Stellungnahme, Art. 42 Abs. 2 VfGHG. Landtag, Senat und Staatsregierung werden von dem anhängigen Streit benachrichtigt, soweit sie nicht selbst Streitsteile sind[374].

IV. Meinungsverschiedenheiten über Verfassungsänderung

Bei Meinungsverschiedenheiten über das Vorliegen einer Verfassungsänderung gilt über Art. 42 Abs. 1 VfGHG die gleiche Regelung wie bei Verfassungsstreitigkeiten nach Art. 64 BV. Bei Meinungsverschiedenheiten innerhalb des Landtags oder innerhalb des Senats sind weiterer äußerungsberechtigter Streitsteil die Mitglieder, die anderer Auffassung sind, Art. 42 Abs. 3 S. 2 VfGHG.

V. Verfassungsbeschwerde

Äußerungsberechtigt bei der Verfassungsbeschwerde nach Art. 120 BV ist das beteiligte Staatsministerium, Art. 48 S. 1 VfGHG. Aber auch demjenigen, der beim Erlaß einer einstweiligen Anordnung rechtlich oder faktisch beeinträchtigt wäre oder einen Nachteil erleiden würde, wird Gelegenheit zur Äußerung gegeben.

Ein Verfahren richtete sich gegen den die sofortige Vollziehbarkeit eines Planfeststellungsbeschlusses wiederherstellenden Beschluß des Verwaltungsgerichtshofs gerichtet. Der Vollzug der angefochtenen Entscheidung sollte bis zur Entscheidung in der Hauptsache ausgesetzt werden. Der Planfeststellungsbeschluß betraf die Genehmigung des Flughafens München II im Erdinger Moos. Als durch diesen Verwaltungsakt Begünstigte erhielt die Flughafengesellschaft Gelegenheit zur Äußerung[375].

---

[374] Vgl. VerfGH 35, 82 (85); 35, 105 (110).
[375] VerfGHE vom 29. März 1985, Vf. 18-VI-85 S. 7 = VerfGH 38, 38 (insoweit nicht abgedruckt).

In einem weiteren Verfahren wurde wiederum ein Beschluß des Verwaltungsgerichtshofs angegriffen, durch den die Wiederherstellung der aufschiebenden Wirkung einer Klage gegen einen Planfeststellungsbeschluß abgelehnt wurde. Es handelte sich dabei um den Genehmigungsbescheid für den Rangierbahnhof München Nord. In diesem Verfahren erhielt die Deutsche Bundesbahn vor der Entscheidung über den Erlaß einer einstweiligen Anordnung Gelegenheit zur Äußerung[376].

Es läßt sich generell sagen, daß bei Verwaltungsakten mit belastender Drittwirkung, um deren Vollziehbarkeit gestritten wird, bei Anfechtung durch den Dritten der durch den Verwaltungsakt Begünstigte Gelegenheit zur Äußerung erhält[377].

IV. Popularklage

Bei der Popularklage nach Art. 98 S. 4 BV erhalten Landtag, Senat, Staatsregierung und die übrigen Beteiligten Gelegenheit zur Äußerung, Art. 53 Abs. 3 VfGHG. Bei den übrigen Beteiligten handelt es sich beispielsweise um Körperschaften des öffentlichen Rechts, deren Normsetzung angegriffen wird[378]. Die von der angefochtenen Rechtsnorm Betroffenen gehören nicht zu den Beteiligten i.S.d. Art. 53 Abs. 3 VfGHG[379], selbst wenn der Kreis der Betroffenen überschaubar und feststellbar ist[380]. Ein Normenkontrollverfahren ist ein von subjektiven Berechtigungen unabhängiges, objektives Verfahren zum Schutze der Verfassung[381].

Beim Antrag auf Aussetzung des Vollzugs einer Neugliederungsvorschrift erhielt ein Landkreis als künftiger Gesamtrechtsnachfolger eines anderen Landkreises, der im Wege der Neugliederung Bayerns in Landkreise und kreisfreie Städte aufgelöst werden sollte, Gelegenheit zur Äußerung[382]. Weiterhin wurde in Verfahren des einstweiligen Rechtsschutzes Gemeinden, die den angefochtenen Bebauungsplan[383] bzw. die angefochtene Bestimmung zur Wahl eines Passionsspielkomitees[384] erlassen hatten, Gelegenheit zur Äußerung gegeben.

---

[376] VerfGH 40, 65 (67).
[377] Vgl. dazu VerfGHE vom 8. November 1985, Vf. 93-VI-85 S. 13 ff., siehe unten S. 140; E. vom 8. November 1985, Vf. 98-VI-85 S. 11, 13, siehe unten S. 139.
[378] Vgl. VerfGH 30, 47.
[379] Meder, Art. 98 Rdnr. 7a; Domcke, Landesverfassungsgerichtsbarkeit Teilbd. 2, S. 231 (252).
[380] VerfGH 30, 29 LS 5.
[381] Vgl. BVerfGE 2, 213 (217); 1, 396 (407).
[382] VerfGH 25, 83 (87 f.).
[383] VerfGH 38, 71 (73).
[384] VerfGHE vom 16. September 1982, Vf. 6-VII-82 S. 5 f., siehe unten S. 138.

VII. Entscheidungen in Angelegenheiten des Gesetzes über den Senat

Neben den Äußerungsmöglichkeiten bei der Wahl- und Mandatsprüfung[385] ist auch bei der Beschwerde nach Art. 13 S. 3 SenG dem Landtag, dem Senat und der Staatsregierung Gelegenheit zur Äußerung zu geben, Art. 13 S. 4 SenG. Dies gilt über die Verweisung in Art. 9 Abs. 1 S. 4 SenG ebenfalls in den Fällen des Art. 9 Abs. 1 S. 3 SenG.

F. Fristen

In den meisten Verfahren ist für die Anrufung des Verfassungsgerichtshofs keine Frist bestimmt; dies gilt auch für den Antrag auf Erlaß einer einstweiligen Anordnung. Soweit im Verfahren in der Hauptsache Fristen zu beachten sind, wirkt eine Versäumung dieser Frist insoweit auf den Erlaß einer beantragten einstweiligen Anordnung, als dann wegen Versäumung der Frist ein Fall des offensichtlich unzulässigen Hauptsacheverfahrens vorliegt. Dementsprechend wird der Antrag auf Erlaß einer einstweiligen Anordnung abgewiesen[386].

Ein Antrag auf Erlaß einer einstweiligen Anordnung, der fristgemäß eingeht, hat wegen der prozessualen Selbständigkeit der einstweiligen Anordnung[387] keinen Einfluß auf das Hauptsacheverfahren[388]. Wird die Hauptsache nicht rechtzeitig anhängig gemacht, muß der Antrag auf Erlaß einer einstweiligen Anordnung zurückgewiesen werden. Sie kann nicht mehr den Zustand bis zur Entscheidung in der Hauptsache regeln, weil keine Hauptsacheentscheidung mehr ergehen kann.

---

[385] Siehe oben S. 80.
[386] Vgl. dazu BVerfGE 16, 236 (238).
[387] Siehe oben S. 43.
[388] Auch der Antrag auf Erlaß von Arrest, einstweiliger Verfügung und einstweiliger Anordnung hat keine Rechtshängigkeitswirkungen bezüglich des Hauptverfahrens, vgl. Baur, S. 81; Kopp, § 90 Rdnr. 1, § 123 Rdnr. 19; Stein-Jonas-Grunsky, vor § 916 Rdnr. 8, vor § 935 Rdnr. 12.

I. Verfassungsbeschwerde

Bei der Einlegung der Verfassungsbeschwerde sind drei verschiedene Fristen möglich[389].

1. Erschöpfung des Rechtswegs

Die Verfassungsbeschwerde ist nach Art. 47 Abs. 2 S. 2 VfGHG spätestens zwei Monate nach der schriftlichen Bekanntgabe der vollständigen letztgerichtlichen Entscheidung einzureichen[390]. Nach Ablauf dieser Frist wird auch der Antrag auf Erlaß einer einstweiligen Anordnung in entsprechender Anwendung des Art. 47 Abs. 5 VfGHG in der kleinen Besetzung abgewiesen.

2. Stellung eines Abhilfegesuchs

Ist ein Rechtsweg nicht zulässig und muß der Beschwerdeführer nach Art. 47 Abs. 3 S. 1 VfGHG nachweisen, daß er erfolglos um Abhilfe nachgesucht hat, so ist die Verfassungsbeschwerde spätestens zwei Monate nach Entscheidung des für die Entscheidung zuständigen Staatsministeriums zu erheben, Art. 47 Abs. 3 S. 3 VfGHG. Sind seit der Einreichung des Gesuchs um Abhilfe drei Monate verstrichen, ohne daß dem Beschwerdeführer ein Bescheid zugegangen ist, so wird angenommen, daß das Gesuch um Abhilfe erfolglos geblieben ist, Art. 47 Abs. 3 S. 2 VfGHG. Innerhalb von zwei Monaten nach Ablauf der Frist in Art. 47 Abs. 3 S. 2 VfGHG ist nun die Verfassungsbeschwerde zu erheben, Art. 47 Abs. 3 S. 3 VfGHG.

3. Sonstige Fälle

Ist ein Rechtsweg nicht zulässig und ein Gesuch um Abhilfe nicht möglich, so ist die Beschwerde zwei Monate nach Kenntnisnahme der Handlung der Behörde oder der schriftlichen Bekanntgabe der vollständigen gerichtlichen Entscheidung sowie sechs Monate nach Antragstellung bei Unterlassung einer beantragten Handlung einzureichen, Art. 47 Abs. 3 S. 3 VfGHG[391].

---

[389] Vgl. Meder, Art. 120 Rdnr. 25 ff.
[390] Siehe Meder, Art. 120 Rdnr. 26 f.
[391] Vgl. Meder, Art. 120 Rdnr. 28.

II. Entscheidung in Angelegenheiten des Gesetzes über den Senat

Bei der Wahl- und Mandatsprüfung von Senatoren ist gemäß der Verweisung in § 58 Abs. 2 der Geschäftsordnung des Verfassungsgerichtshofs die Frist des Art. 41 Abs. 2 VfGHG zu wahren; sie beträgt einen Monat seit der Beschlußfassung des Senats. Gegen die Entscheidung des Staatsministeriums des Innern nach Art. 13 S. 3 SenG bei der Neubildung von Organisationen ist binnen einem Monat Beschwerde an den Verfassungsgerichtshof zulässig, Art. 13 S. 4 SenG.

G. Aussetzung

Es stellt sich die Frage, ob der Bayerische Verfassungsgerichtshof auch im Verfahren des einstweiligen Rechtsschutzes gem. Art. 100 Abs. 1 GG aussetzen und dem Bundesverfassungsgericht vorlegen muß, wenn er ein Gesetz, auf dessen Gültigkeit es bei der Entscheidung ankommt, für grundgesetzwidrig hält. Dabei sind Landesverfassungsgerichte unter der Voraussetzung des Art. 100 Abs. 1 GG grundsätzlich zur Vorlage verpflichtet[392].

Die Vorlage ist jedoch — wie bei anderen eilbedürftigen Maßnahmen auch[393] — in diesem Verfahren ausgeschlossen. Die Normenkontrolle im Wege der Vorlage nach Art. 100 Abs. 1 GG ist erst im Hauptverfahren durchzuführen. Dies ergibt sich zum einen schon aus der Natur des Verfahrens des einstweiligen Rechtsschutzes als Eilverfahren[394]. Zum anderen gebührt im Spannungsverhältnis zwischen Art. 100 Abs. 1 GG einerseits und Art. 19 Abs. 4 GG, Art. 99 S. 2 BV andererseits[395] dem Anspruch auf effektiven Rechtsschutz

---

[392] Vgl. Ulsamer in Maunz/Schmidt-Bleibtreu/Klein/Ulsamer, § 80 Rdnr. 173.

[393] Gegen eine Aussetzung bei Eilverfahren allgemein Groschupf, Landesverfassungsgerichtsbarkeit Teilbd. 2, S. 85 (93 f.); Bettermann, FG BVerfG Bd. 1, S. 323 (355 f.); Goerlich, JZ 1983, 57 ff.; Ulsamer in Maunz/Schmidt-Bleibtreu/ Klein/Ulsamer, § 80 Rdnr. 251 ff.; im Zivilprozeß Stein-Jonas-Schumann, § 148 Rdnr. 34, 77; Stratenwerth, JZ 57, 299 (301 Fn. 19); Teplitzky, DRiZ 1982, 41 (42); im Verwaltungsprozeß VG Würzburg, NJW 1976, 1651 f.; OVG Münster, NJW 1979, 330 f.; OLG Hamburg, JZ 1983, 67 (68 f.); Eyermann/Fröhler, § 80 Rdnr. 36; Kopp, § 80 Rdnr. 92a; v. Mutius, VerwArch 1977, 197 (207 f.); Redeker/v. Oertzen, § 80 Rdnr. 46a. A.A. Pohle, JZ 1961, 376; Stern, AöR 91 (1966), S. 223 (228); differenzierend Pestalozza, JuS 1978, 312 ff.; ders., NJW 1979, 1341.

[394] Vgl. dazu Stein-Jonas-Schumann, § 148 Rdnr. 34, 77.

[395] Siehe dazu Pestalozza, JuS 1978, 312 (315 f.).

der Vorrang. Eine einstweilige Anordnung im Normenkontrollverfahren könnte dem Antragsteller im Ausgangsverfahren wegen der Verschiedenheit der Streitgegenstände keinen ausreichenden vorläufigen Rechtsschutz gewähren[396]. Zudem ist der Antragsteller im Ausgangsverfahren nicht Beteiligter im Normenkontrollverfahren, so daß er nicht einmal einen Antrag auf Erlaß einer einstweiligen Anordnung stellen könnte[397].

Von dem Grundsatz, daß in Verfahren des einstweiligen Rechtsschutzes nicht ausgesetzt und vorgelegt wird, sind lediglich drei Ausnahmen zuzulassen[398]. Zunächst muß dann ausgesetzt werden, wenn der Verfassungsgerichtshof eine Norm für grundgesetzwidrig hält, die das Verfahren des einstweiligen Rechtsschutzes selbst betrifft[399]. Auch wenn die endgültige Entscheidung durch die Maßnahme des einstweiligen Rechtsschutzes weitgehend vorweggenommen wird, kommt die Anwendung des Art. 100 Abs. 1 GG in Frage[400]. Schließlich muß dann ausgesetzt werden, wenn sich kein Hauptsacheverfahren anschließt[401].

H. Dauer des Verfahrens

Über die Dauer des Verfahrens im Verfahren des einstweiligen Rechtsschutzes kann keine pauschale Aussage getroffen werden. Auch jeder Durchschnittswert würde den Eigenheiten des Verfahrens nicht genügend Rechnung tragen. Die einstweilige Anordnung kann schon wenige Stunden nach ihrer Beantragung erlassen werden[402]. Andererseits kann der Antrag dadurch gegenstandslos werden, daß der Verfassungsgerichtshof in der Hauptsache entscheidet[403], weil er eine vorherige eigene Entscheidung im Verfahren des einstweiligen Rechtsschutzes nicht für notwendig erachtet hat.

---

[396] Siehe dazu die Ausführungen zur Richtervorlage nach Art. 65, 92 BV oben S. 48 ff.
[397] So auch Pestalozza, JuS 1978, 312 (316 Fn. 19).
[398] Vgl. dazu Stein-Jonas-Schumann, § 148 Rdnr. 78.
[399] Siehe Bettermann, FG BVerfG Bd. 1, S. 323 (356); Ulsamer in Maunz/Schmidt--Bleibtreu/Klein/Ulsamer § 80 Rdnr. 253b.
[400] BVerfGE 46, 43 (51).
[401] BVerfGE 63, 131 (141) bei presserechtlichen Gegendarstellungsansprüchen.
[402] So bei VerfGHE vom 23. Januar 1987, Vf. 7-VI-87, siehe unten S. 128; dabei wurde die notwendige Gelegenheit zur Äußerung telefonisch gewährt.
[403] Vgl. VerfGH 27, 139 (153); 24, 1 (27).

Die Dauer des Verfahrens wird von drei Faktoren bestimmt. Zunächst hat das Verhalten des Antragstellers Einfluß: Kommt er z.B. nicht der Aufforderung nach, einen Kostenvorschuß zu leisten oder einen Prozeßvertreter zu bestellen, so verzögert dies auch das Verfahren des einstweiligen Rechtsschutzes[404]. Zum zweiten kommt es darauf an, wie schnell sich die Äußerungsberechtigten äußern. Diese können sich aber auch, z.B. bei Landtagsferien[405], einer Äußerung enthalten, weil ansonsten das Verfahren zu sehr verzögert werden würde. Zudem braucht bei besonderer Dringlichkeit die Äußerung nicht abgewartet werden[406]. Schließlich hat der Verfassungsgerichtshof selbst maßgeblichen Einfluß, wann über den Antrag auf Erlaß einer einstweiligen Anordnung entschieden wird: Je dringlicher und unabweisbarer der Sachverhalt einer vorläufigen Regelung bedarf, desto schneller wird entschieden. Bei fehlender Dringlichkeit kann es dagegen so weit gehen, daß über den Antrag auf Erlaß einer einstweiligen Anordnung nicht bis zur Entscheidung in der Hauptsache entschieden wurde, sondern er eben wegen der Entscheidung in der Hauptsache gegenstandslos wurde[407].

I. Verbindung von Verfahren

Die Verbindung von Verfahren ist auch im Verfassungsprozeß möglich; davon wird auch im Verfahren des einstweiligen Rechtsschutzes Gebrauch gemacht[408]. Eine Verbindung verbietet sich nur dort, wo der Verfassungsgerichtshof in verschiedenen Besetzungen entscheiden muß, wie beispielsweise bei der Popularklage[409] und bei der Verfassungsbeschwerde[410]. Diese beiden Verfahrensarten können auch nicht für das Verfahren des einstweiligen Rechtsschutzes verbunden werden[411].

---

[404] Siehe zum Prozeßkostenvorschuß oben S. 78 f. und zur Auferlegung eines Prozeßvertreters oben S. 76 ff.
[405] Vgl. VerfGHE vom 12. September 1977, Vf. 8-VII-77 S. 5, siehe unten S. 127.
[406] So wurde in VerfGHE vom 6. November 1981, Vf. 123-VI-81 (siehe unten S. 127) eine einstweilige Anordnung erlassen, ohne die Gegenerklärung des Beschwerdeführers nach Art. 48 S. 2 VfGHG abzuwarten.
[407] Vgl. VerfGH 27, 139 (153); 24, 1 (27).
[408] VerfGH 26, 101; E. vom 4. September 1978, Vf. 19-VII-78, 23-VII-78, 25-VII-78, siehe unten S. 137; VerfGH 33, 111; 38, 71; 40, 25.
[409] Vgl. Art. 68 Abs. 2 lit. b) BV, Art. 3 Abs. 2 Nr. 2 VfGHG.
[410] Vgl. Art. 68 Abs. 2 lit. c) BV, Art. 3 Abs. 2 Nr. 3 VfGHG.
[411] Siehe VerfGH 7, 21 (39); 16, 142 (146); 26, 127 (132).

J. Mündliche Verhandlung

Art. 15 S. 1 VfGHG enthält den Grundsatz der mündlichen Verhandlung vor dem Verfassungsgerichtshof. Dies gilt jedoch nur insoweit, als nichts anderes bestimmt wird[412]. Der Gerichtshof nimmt seine Befugnis, im Verfahren des einstweiligen Rechtsschutzes ohne mündliche Verhandlung zu entscheiden, aus § 123 Abs. 3 VwGO i.V.m. § 921 Abs. 1 ZPO, die über die Verweisung in § 26 der Geschäftsordnung zur Anwendung kommen. So ergeht die Entscheidung über den beantragten Erlaß einer einstweiligen Anordnung grundsätzlich ohne mündliche Verhandlung[413].

K. Öffentlichkeit

Nach Art. 90 BV gilt der Grundsatz öffentlicher Gerichtsverhandlungen. Zwar ist dieser Gegenstand als Gerichtsverfassung bundesrechtlich geregelt, aber Verfassungsrecht und somit auch das Verfassungsprozeßrecht eines Landes gehören nicht zu den konkurrierenden Gesetzgebungszuständigkeiten des Bundes gem. Art. 74 Nr. 1 GG. Beim Bayerischen Verfassungsgerichtshof handelt es sich nämlich nicht nur um ein Gericht, sondern auch um ein oberstes Staatsorgan eines Landes[414], so daß Art. 90 BV allein Anwendung findet.

Öffentlich können jedoch nur mündliche Verhandlungen sein[415]; bei Beratung und Abstimmung dürfen nach § 7 lit. c) der Geschäftsordnung nur die zur Entscheidung berufenen Mitglieder des Verfassungsgerichtshofs anwesend sein. Da die Entscheidung über den Erlaß einer einstweiligen Anordnung grundsätzlich ohne mündliche Verhandlung ergeht[416], findet auch keine öffentliche Verhandlung statt.

---

[412] So etwa in Art. 49 Abs. 1 S. 1 VfGHG für die Verfassungsbeschwerde.
[413] Vgl. VerfGH 38, 71 (74); 34, 196 (199); 33, 111 (127); 31, 33 (40); 26, 101 (115).
[414] Siehe Schweiger in Nawiasky/Leusser/Schweiger/Zacher, Art. 90 Rdnr. 2, Art. 69 Rdnr. 2.
[415] So für das Verfahren vor dem Bundesverfassungsgericht Klein in Maunz/Schmidt-Bleibtreu/Klein/Ulsamer, § 17 Rdnr. 4.
[416] Siehe oben S. 88.

§ 7 Die Entscheidung

A. Die Besetzung des Gerichts

Der Verfassungsgerichtshof entscheidet im Verfahren des einstweiligen Rechtsschutzes grundsätzlich in der gleichen Besetzung wie bei der Entscheidung in der Hauptsache. Besonderheiten ergeben sich nur wegen der Besonderheiten des einstweiligen Rechtsschutzes.

I. Der Senat

Gem. § 1 Abs. 1 der Geschäftsordnung bildet der Präsident des Verfassungsgerichtshofs Senate. Die Besetzung der Senate ergibt sich aus Art. 68 BV, ergänzend aus Art. 3 VfGHG.

Bei den Anklageverfahren setzt sich der Senat nach Art. 68 Abs. 2 lit. b) BV, Art. 3 Abs. 2 Nr. 1 VfGHG aus dem Präsidenten, acht Berufsrichtern, von denen drei dem Verwaltungsgerichtshof angehören, sowie zehn weiteren Mitgliedern zusammen.

Bei der Popularklage nach Art. 98 S. 4 BV und Meinungsverschiedenheiten über Verfassungsänderungen nach Art. 75 BV entscheiden gem. Art. 68 Abs. 2 lit. b) BV, Art. 3 Abs. 2 Nr. 2 BV der Präsident und acht Berufsrichter, von denen drei dem Verwaltungsgerichtshof angehören[417].

In den übrigen Fällen — hauptsächlich bei der Verfassungsbeschwerde nach Art. 120 BV — besteht der Senat aus dem Präsidenten, drei Berufsrichtern, von denen zwei dem Verwaltungsgerichtshof angehören, und fünf weiteren Mitgliedern, Art. 68 Abs. 2 lit. c) BV, Art. 3 Abs. 2 Nr. 2 VfGHG.

II. Die "kleine Besetzung"

Das Verfassungsgerichtshofgesetz und die Geschäftsordnung sehen bei gravierenden Verfahrensmängeln eine Zurückweisung in der kleinen Besetzung

---

[417] In dieser Besetzung entscheidet der Verfassungsgerichtshof noch über die Richtervorlage nach Art. 65, 92 BV. In dieser Verfahrensart ist jedoch keine einstweilige Anordnung möglich, siehe oben S. 48 ff.

nach § 13 Abs. 3 GeschO vor[418]. Zur Entscheidung berufen sind dabei der Präsident und zwei Berufsrichter, von denen einer dem Verwaltungsgerichtshof angehört. Dabei ist der andere Richter regelmäßig der Generalsekretär des Verfassungsgerichtshofs, der selbst Berufsrichter ist[419]. Eine Abweisung in der kleinen Besetzung ist auch im Verfahren des einstweiligen Rechtsschutzes möglich.

III. Der Präsident

Erstmals im Verfahren 7-VI-87 hat der Präsident des Verfassungsgerichtshofs in einem dringenden Fall allein über den Erlaß einer einstweiligen Anordnung entschieden und diese dann auch erlassen[420]. Als Grundlage dieser Entscheidung diente § 123 Abs. 2 S. 3 und § 80 Abs. 7 S. 1 VwGO, die über die Verweisung in § 26 GeschO entsprechende Anwendung finden[421].

Als dringender Fall lag zu Grunde, daß durch eine vom Verwaltungsgerichtshof erlassene einstweilige Anordnung möglicherweise in das Grundrecht der Rundfunkfreiheit nach Art. 111a BV eingegriffen werden würde. Eine Beschlußfassung des zuständigen Senats war aus Zeitgründen nicht möglich.

Gegen eine Entscheidung des Präsidenten ist innerhalb von zwei Wochen nach Bekanntgabe der Entscheidung in entsprechender Anwendung von § 80 Abs. 7 S. 2 VwGO die Anrufung des Plenums des Verfassungsgerichtshofs zulässig. In dem obengenannten Verfahren, das zwischenzeitlich mit einem weiteren Verfahren, bei dem der Präsident allein entschieden hatte[422], verbunden wurde, wurde der Verfassungsgerichtshof fristgemäß angerufen[423]. Dabei entschied er, daß es mit der Entscheidung des Präsidenten "sein Bewenden" hat[424].

---

[418] Vgl. Art. 47 Abs. 5, Art. 52, S. 2, 3 VfGHG, § 13 Abs. 3, § 24 Abs. 3, §§ 25, 25a, 47 S. 2 GeschO.
[419] Nach § 4 Abs. 8 GeschO bestimmt der Präsident die mitwirkenden Berufsrichter von Fall zu Fall. Der Generalsekretär wird vom Präsidenten aus dem Kreis der berufsrichterlichen Mitglieder gewählt, § 2 S. 1 GeschO.
[420] Vgl. VerfGHE vom 23. Januar 1987, Vf. 7-VI-87, siehe unten S. 128.
[421] VerfGHE vom 23. Januar 1987, Vf. 7-VI-87, siehe unten S. 128; E. vom 2. Februar 1987, Vf. 11-VI- -87, siehe unten S. 128.
[422] VerfGHE vom 2. Februar 1987, Vf. 11-VI-87, siehe unten S. 128.
[423] VerfGH 40, 25.
[424] So VerfGH 40, 25 (26).

B. Form und Inhalt der Entscheidung

I. Form der Entscheidung

Soweit nicht mündlich verhandelt wird, ergeht die Entscheidung in der Hauptsache als Beschluß. Dies ergibt sich für die Verfassungsbeschwerde aus Art. 47 Abs. 5 S. 1, Art. 49 Abs. 1 S. 1 und Art. 52 S. 2 VfGHG.

Obwohl im Verfahren des einstweiligen Rechtsschutzes grundsätzlich keine mündliche Verhandlung vorausgeht[425], wählt der Verfassungsgerichtshof als Form des Ergebnisses seiner Rechtsanwendung die "Entscheidung". Frühere Entscheidungen wurden teilweise als Beschluß bezeichnet, ohne daß ein sachlicher Grund für diese Differenzierung bestand[426]. Inzwischen hat sich jedoch die Bezeichnung "Entscheidung" als allgemeinster Ausdruck durchgesetzt.

II. Inhalt der Entscheidung

1. Keine Vorwegnahme der Entscheidung in der Hauptsache

Die einstweilige Anordnung darf die Entscheidung in der Hauptsache nicht vorwegnehmen[427]. Sie kann deshalb nicht den gleichen Inhalt wie die Entscheidung in der Hauptsache haben. Sie kann jedoch die gleiche Wirkung entfalten wie die Entscheidung in der Hauptsache, wenn beispielsweise die Vollstreckung eines Urteils, das später aufgehoben wird, vorläufig ausgesetzt wird.

2. Bindung an Anträge

Der Verfassungsgerichtshof wird nur auf Antrag tätig[428]. Diesem Antragserfordernis korrespondiert die Bindung an den Antrag[429]. Auch wenn der Ver-

---

[425] Siehe oben S. 88.
[426] VerfGH 8, 33; E. vom 14. Mai 1960, Vf. 16-VI-60, siehe unten S. 130; E. vom 22. Juni 1967, Vf. 92-VI-67, siehe unten S. 133; E. vom 1. April 1969, Vf. 22-VI-69, siehe unten S. 134; E. vom 31. Juli 1969, Vf. 77-VI-69, siehe unten S. 135; E. vom 25. September 1969, Vf. 72-VI-69, siehe unten S. 135; E. vom 21. November 1969, Vf. 96-VI-69, siehe unten S. 136.
[427] Siehe oben S. 66.
[428] Vgl. oben S. 59 ff.
[429] Siehe zu diesem prozeßrechtlichen Grundsatz auch § 308 ZPO, § 88 VwGO, § 123 SGG, § 96 FGO.

fassungsgerichtshof formuliert, daß er weitgehend selbst bestimmen kann, welche Regelungen zulässig und geboten sind, um die Entscheidung in der Hauptsache zu sichern[430], so muß sich die Entscheidung innerhalb der Grenzen der gestellten Anträge halten. Insoweit gilt nichts anderes als in § 938 ZPO[431], der über § 26 GeschO Anwendung findet und auf den sich der Verfassungsgerichtshof auch ausdrücklich bezieht[432]. Der Antragsteller ist aber nicht verpflichtet, einen präzisen Antrag zu stellen. In solchen Fällen kann der Verfassungsgerichtshof nach seinem Ermessen bestimmen, welche einstweilige Anordnung zur Erreichung des vom Antragsteller verfolgten Zwecks notwendig ist[433].

3. Der Inhalt der einstweiligen Anordnung im einzelnen

Um darzulegen, welche Maßnahmen der Verfassungsgerichtshof im Rahmen von einstweiligen Anordnungen treffen kann, ist zunächst seine Befugnis im Hauptsacheverfahren zu untersuchen. Das Gericht darf durch einstweilige Anordnung nicht mehr zusprechen, als seine Befugnis in der Hauptsache reicht.

a) Anklageverfahren

Nach Art. 33 Abs. 1 VfGHG spricht der Verfassungsgerichtshof in seinem Urteil aus, daß der Angeklagte vorsätzlich die Verfassung oder ein näher zu bezeichnendes Gesetz verletzt hat oder daß er freizusprechen ist.

Bei Anklagen gegen Mitglieder der Staatsregierung ist das Urteil tatsächlich nur feststellender Natur. Die bei einem Schuldspruch notwendig erscheinenden Folgen, nämlich der Verlust des Amtes, werden nicht vom Gericht ausgesprochen, sondern es erfolgen politische Reaktionen[434]: Der Ministerpräsi-

---

[430] Vgl. VerfGH 15, 80 (82); 16, 53 (54); 26, 101 (107); 33, 111 (123); 34, 196 (197).
[431] Vgl. Stein-Jonas-Grunsky, § 938 Rdnr. 2.
[432] VerfGH 15, 80 (82); 16, 53 (54). Die Formulierung von Meder (Art. 98 Rdnr. 30), der Verfassungsgerichtshof könne ohne Bindung an die Anträge bestimmen, welche Regelung zulässig und geboten sei, geht zu weit. Er stützt sich dabei auf VerfGH 26, 101 (107); in dieser Entscheidung wird jedoch nur eine Einschränkung des Antrags vorgenommen.
[433] Vgl. VerfGHE vom 6. November 1981, Vf. 123-VI-81 S. 10, siehe unten S. 127.
[434] Freund, Landesverfassungsgerichtsbarkeit Teilbd. 1, S. 307 (335); Maunz in Maunz/Obermayer/Berg/Knemeyer, S. 73 f.; Meder, Art. 59 Rdnr. 1; Schweiger in Nawiasky/Leusser/Schweiger/Zacher, Art. 61 Rdnr. 3;

dent kann nach Art. 44 Abs. 3 BV von seinem Amt zurücktreten, wenn er verurteilt wurde, und nach Art. 45 BV verurteilte Staatsminister und Staatssekretäre mit Zustimmung des Landtags entlassen. Wegen der nur feststellenden Befugnis in der Hauptsache kann der Verfassungsgerichtshof bei der Ankage gegen Mitglieder der Staatsregierung diese nicht durch einstweilige Anordnung vorläufig aus dem Amt entfernen.

Bei Anklagen gegen Mitglieder des Landtags können unabhängig von der Befugnis in der Hauptsache keine einstweiligen Anordnungen ergehen, da dafür neben dem Ruhen der Mitgliedschaft nach Art. 56 Abs. 1 Nr. 1 LWG kein Raum ist[435].

Bei Anklagen gegen ein Mitglied des Senats kann der Gerichtshof neben dem Schuldspruch einen Angeklagten seines Sitzes für verlustig erklären[436], denn hier fehlt es einer dem Art. 45 BV entsprechenden Regelung; auch gibt es in diesem Anklageverfahren kein Ruhen der Mitgliedschaft[437]. Wegen dieser Befugnis in der Hauptsache kann das Gericht einen Angeklagten schon vorher durch einstweilige Anordnung vorläufig an der Ausübung seines Amtes hindern.

b) Ausschluß von Wählergruppen

Nach Art. 15 Abs. 2, Art. 62 BV entscheidet der Verfassungsgerichtshof über den Ausschluß von Wählergruppen von Wahlen und Abstimmungen[438]. Wegen dieser Befugnis in der Hauptsache kann das Gericht deshalb auch schon vorher im Wege einstweiliger Anordnungen tätig werden. Als mögliche Maßnahmen kommen dabei Verbot jeglicher Propaganda in Wort, Ton, Schrift und Bild, Verbot von öffentlichen Versammlungen und Verbot von Druck und Verbreitung von Druckschriften in Frage[439].

c) Wahl- und Mandatsprüfung

Der Verfassungsgerichtshof entscheidet über den Verlust der Mitgliedschaft beim Senat gem. Art. 17 Abs. 4 SenG und bei der Prüfung der Wahl eines

---

[435] Vgl. oben S. 44 f.
[436] Siehe Meder, Art. 61 Rdnr. 3; Schweinoch/Simader, Art. 67 LWG a.F. Rdnr. 3.
[437] Vgl. oben S. 45.
[438] Siehe oben S. 45.
[439] So die Maßnahmen, die das Bundesverfassungsgericht (E 1, 349) beim vorläufigen Verbot der Sozialistischen Reichspartei angeordnet hat.

Senators gem. Art. 18 SenG. Da es auch in diesem Verfahren kein Ruhen der Mitgliedschaft gibt, können sie im Wege der einstweiligen Anordnung an der vorläufigen Ausübung ihres Amtes gehindert werden[440].

d) Verfassungsstreitigkeiten

Bei Verfassungsstreitigkeiten stellt der Gerichtshof in der Entscheidung zur Hauptsache fest, daß das angegriffene Verhalten eines Streitsteiles mit der Verfassung vereinbar[441] oder verfassungswidrig[442] ist[443]. Richtet sich der Antrag gegen eine Norm, so spricht der Verfassungsgerichtshof aus, daß die Norm verfassungswidrig und nichtig ist[444].

Soweit der Verfassungsgerichtshof die Befugnis hat, eine Norm für nichtig zu erklären, kann er vorher durch einstweilige Anordnung den Vollzug dieser Norm vorläufig aussetzen. Ist die Entscheidung feststellender Natur, kann ebenfalls eine einstweilige Anordnung ergehen[445]; geht es im Hauptverfahren um die Verfassungsmäßigkeit eines bestimmten Verhaltens, so kann dem betroffenen Streitsteil durch eine einstweilige Anordnung aufgegeben werden, sich bis zur Entscheidung in der Hauptsache weiterer Handlungen zu enthalten. Die Verfassungsmäßigkeit des bisherigen Verhaltens kann durch eine einstweilige Anordnung nicht festgestellt werden. Diese dem Hauptverfahren vorbehaltene Sachentscheidung darf nicht vorweggenommen werden[446].

e) Meinungsverschiedenheiten über Verfassungsänderung

Der Verfassungsgerichtshof entscheidet gem. Art. 75 Abs. 3 BV über Meinungsverschiedenheiten, ob durch ein Gesetz die Verfassung geändert wird oder ob ein Antrag auf unzulässige Verfassungsänderung vorliegt[447]. Soweit keine vorbeugende Normenkontrolle vorliegt, sondern das Gesetz schon wirksam ist, kann sein Vollzug im Wege einstweiliger Anordnung vorläufig ausgesetzt werden.

---

[440] Siehe oben S. 93.
[441] VerfGH 29, 62 (63).
[442] Vgl. VerfGH 30, 48.
[443] Siehe allgemein zu Organstreitigkeiten des Landesverfassungsrechts Bethge, Landesverfassungsgerichtsbarkeit Teilbd. 2, S. 17 ff.
[444] VerfGH 19, 64.
[445] Vgl. zu dieser Befugnis bei Organstreitigkeiten auf Bundesebene Merkel, S. 36 ff.
[446] VerfGHE vom 3. Oktober 1980, Vf. 135-IV-80 S. 7 = VerfGH 33, 139 (insoweit nicht abgedruckt).
[447] Siehe oben S. 48.

f) Verfassungsbeschwerde

Um darzulegen, welche Maßnahmen der Verfassungsgerichtshof im Rahmen von einstweiligen Anordnungen bei der Verfassungsbeschwerde nach Art. 120 BV treffen kann, ist zunächst seine Befugnis in der Hauptsache näher zu untersuchen.

(1) Alte Rechtsprechung

In einer frühen Entscheidung stellte der Verfassungsgerichtshof die Nichtigkeit eines Strafurteils fest[448]. Doch danach beschränkte er sich auf die Feststellung der Verfassungswidrigkeit der angefochtenen Maßnahme[449]; diesem Ausspruch maß er keinerlei rechtliche Bedeutung gegenüber der angefochtenen Entscheidung und ihrer Vollstreckung zu[450]. Soweit sich die Entscheidung in der Hauptsache auf die Feststellung der Verfassungswidrigkeit beschränkt, kann im Verfahren des einstweiligen Rechtsschutzes nicht die Aussetzung des Vollzugs verlangt werden. Dem Beschwerdeführer kann durch eine einstweilige Anordnung nicht mehr zugesprochen werden, als er durch eine erfolgreiche Verfassungsbeschwerde erreichen könnte, und zwar auch nicht für einen begrenzten Zeitraum[451]. Eine andere Art der vorläufigen Regelung wurde nicht beantragt, so daß keine einstweiligen Anordnungen in Verfassungsbeschwerdeverfahren erlassen wurden, solange der Verfassungsgerichtshof an dieser Judikatur festhielt[452].

(2) Neue Rechtsprechung

Erstmals in der Entscheidung vom 16. November 1973 hat der Verfassungsgerichtshof — im Anschluß an die Begründung von Schäfer[453] — wieder ein

---

[448] VerfGH 1, 101 (110); vgl. auch VerfGH 3, 4 (7); 4, 21 (28).
[449] VerfGH 11, 90 (96); 12, 64 (68 f.); 14, 49 (53); 18, 104; 19, 30 (31).
[450] Vgl. zur Problematik der stattgebenden Entscheidung im Verfassungsbeschwerdeverfahren Schumann, S. 152 ff., 271 ff., 330 f.; Zacher in Nawiasky/ Leusser/ Schweiger/Zacher, Art. 120 Rdnr. 94 ff.
[451] So VerfGHE vom 22. Juni 1967, Vf. 92-VI-67 S. 6, siehe unten S. 133; E. vom 31. Oktober 1962, Vf. 88-VI-62 S. 5, siehe unten S. 130; E. vom 28. April 1967, Vf. 60-VI-67 S. 8, siehe unten S. 133.
[452] Vgl. auch Zacher in Nawiasky/Leusser/Schweiger/Zacher, Art. 120 Rdnr. 105.
[453] Schäfer, FS VerfGH, S. 259 ff.

Urteil aufgehoben[454]. Seitdem kassiert der Verfassungsgerichtshof bei erfolgreicher Verfassungsbeschwerde die beanstandete Entscheidung[455]. Wegen dieser ihm im Hauptverfahren zustehenden Kompetenz kann der Verfassungsgerichtshof im Verfahren des einstweiligen Rechtsschutzes den Vollzug der beanstandeten Maßnahme bis zur Entscheidung in der Hauptsache aussetzen[456]. Bisher wurde ein Zwangsversteigerungsverfahren[457], die Vollziehung einer nach Art. 7 S. 2 MSA[458] für vollstreckbar erklärten ausländischen Herausgabeanordnung[459] und der Vollzug von einstweiligen Anordnungen, die nach § 123 Abs. 1, §§ 146, 150 VwGO vom Verwaltungsgerichtshof erlassen wurden[460], vorläufig bis zur Entscheidung in der Hauptsache ausgesetzt.

g) Popularklage

Die im Rahmen der einstweiligen Anordnung im Popularklageverfahren zulässigen Maßnahmen hängen wiederum von der Entscheidungskompetenz im Hauptsacheverfahren ab.

(1) Aussetzung des Vollzugs

Sieht der Verfassungsgerichtshof die angefochtene Regelung für verfassungswidrig an, so erklärt er sie für verfassungswidrig und nichtig[461]. Soweit er diese Kompetenz in der Hauptsache besitzt, kann er schon vorher den Vollzug der angefochtenen Regelung durch einstweilige Anordnung bis zur Entscheidung in der Hauptsache aussetzen. Dabei dürfen durch die einstweilige Anordnung nicht konkrete Maßnahmen zugunsten einzelner erlassen werden, sondern es kommt vielmehr nur eine generelle Regelung in Betracht[462]. So wurden im

---

[454] VerfGH 26, 127; vgl. auch Friesenhahn, FG BVerfG Bd. 1, S. 748 (765 f.).
[455] Vgl. VerfGH 27, 35; 27, 109; 33, 165; Meder, Art. 120 Rdnr. 39.
[456] Vgl. zur Kassation von Urteilen durch Landesverfassungsgerichte Berg, Landesverfassungsgerichtsbarkeit Teilbd. 2, S. 529 ff.
[457] VerfGH 26, 141.
[458] Haager Übereinkommen über die Zuständigkeit der Behörden und das anzuwendende Recht auf dem Gebiet des Schutzes von Minderjährigen vom 5. Oktober 1961 (BGBl. II S. 219).
[459] VerfGHE vom 6. November 1981, Vf. 123-VI-81, vgl. unten S. 127.
[460] VerfGHE vom 23. Januar 1987, Vf. 7-VI-87, vgl. unten S. 128; E. vom 2. Februar 1987, Vf. 11-VI-87, vgl. unten S. 128.
[461] Vgl. VerfGH 23, 47 (53); 34, 135; Meder, Art. 98 Rdnr. 31.
[462] VerfGH 18, 50; 25, 83 (89); 26, 101 (107); Meder, Art. 98 Rdnr. 30.

Verfahren des vorläufigen Rechtsschutzes bisher der Vollzug von Art. 55 Abs. 1 S. 2 Bayerisches Beamtengesetz[463] und von Art. 5 Nr. 19 und Art. 6 Abs. 2 Nr. 41 des Gesetzes über die Organisation der ordentlichen Gerichte im Freistaat Bayern[464] vorläufig ausgesetzt.

Andererseits kann der Verfassungsgerichtshof, soweit es Rechtssicherheit und Rechtsfriede fordern, ausnahmsweise von der Nichtigkeitserklärung absehen und sich auf die Feststellung der Verfassungswidrigkeit beschränken[465]. Dies geschieht dann, wenn der durch die Nichtigkeitserklärung neu geschaffene Rechtszustand einer verfassungsmäßigen Regelung ferner stünde als die weitere Anwendung der derzeitigen Vorschriften[466]. Wo aber die Befugnis in der Hauptsache nur auf Feststellung geht, kann durch eine einstweilige Anordnung der Vollzug nicht vorläufig ausgesetzt werden.

(2) Weitergehende Maßnahmen

Schwierig wird es bei Maßnahmen, die über die reine Aussetzung des Vollzugs hinausgehen. Zwar kann der Verfassungsgerichtshof auch im Popularklageverfahren weitgehend selbst bestimmen, welche Regelungen er treffen will[467], aber bei Normsetzung innerhalb von Verfahren des einstweiligen Rechtsschutzes übt er größte Zurückhaltung. In einer Entscheidung[468] kommen die Grenzen der Normsetzungskompetenz besonders gut zum Ausdruck[469]: Es ging dabei um die Verfassungsmäßigkeit eines Beschlusses eines Gemeinderats, der die Wahl eines Passionsspielkomitees für das Jahr 1984 regeln sollte. In der Entscheidung, die den Erlaß einer einstweiligen Anordnung ablehnte, wurde betont, daß es nicht Aufgabe des Verfassungsgerichtshofs sei, im Wege einer vorläufigen Regelung selbst Bestimmungen darüber zu treffen, wer wahlberechtigt sei; dadurch würde die Gestaltungsfreiheit des Gemeinderats zu stark eingeschränkt werden[470]. In einem anderen Verfahren begnügte sich der Ver-

---

[463] I.d.F. des § 1 Nr. 1 des Gesetzes zur Änderung des Bayerischen Beamtengesetzes vom 15. Juli 1977 (GVBl. S. 352); VerfGHE vom 12. September 1977, Vf. 8-VII-77, siehe unten S. 127.
[464] (GerOrgG) vom 25. April 1973 (GVBl. S. 189), soweit der dem Bezirk des Landgerichts Traunstein zugehörige neugebildete Amtsgerichtsbezirk Laufen das Gebiet des Landkreises Berchtesgadener Land umfaßt; VerfGH BayVBl. 1973, 537.
[465] Siehe Meder, Art. 98 Rdnr. 32.
[466] VerfGH 29, 224; 34, 83 (99); 35, 126 (133).
[467] VerfGHE vom 12. September 1977, Vf. 8-VII-77 S. 10, siehe unten S. 127.
[468] Vgl. VerfGHE vom 16. September 1982, Vf. 6-VII-82 S. 9, siehe unten S. 138.
[469] Siehe dazu auch Schuppert, Landesverfassungsgerichtsbarkeit Teilbd. 2, S. 347 (367).
[470] VerfGHE vom 16. September 1982, Vf. 6-VII-82 S. 9, siehe unten S. 138.

fassungsgerichtshof nicht mit der vorläufigen Aussetzung der beanstandeten Regelung, sondern er legte weiter eine Übergangsregelung fest[471]. Er sah sich deshalb in der Lage, die Angelegenheit selbst bis zur Entscheidung in der Hauptsache oder bis zur Regelung in der Hauptsache zu ordnen, weil der durch die einstweilige Anordnung geschaffene Rechtszustand nichts Systemwidriges enthielt, sondern nur der bisher seit Jahren geltenden Regelung entsprach[472].

(3) Maßnahmen bei gesetzgeberischem Unterlassen

Auch eine Unterlassung des Gesetzgebers[473] oder Verordnungsgebers[474] kann Gegenstand einer Popularklage sein[475]. Bei dieser Normerlaßklage wäre es in Ausnahmefällen denkbar, daß der Verfassungsgerichtshof im Rahmen einer einstweiligen Anordnung eine Übergangsregelung trifft. Hier gilt ebenfalls der Grundsatz, daß er sich beim Eingriff in die Rechte eines zur Normsetzung Befugten größte Zurückhaltung aufzuerlegen hat. Wenn aber beispielsweise eine langjährige Regelung durch den Gesetzgeber aufgehoben wird, ohne eine Nachfolgevorschrift zu erlassen, so könnte der Verfassungsgerichtshof die seit Jahren geltende Regelung wieder in Kraft setzen[476], wenn dies zur Verhinderung von Gefahren für die Allgemeinheit notwendig wäre.

h) Entscheidung in besonderen durch Gesetz zugewiesenen Fällen

(1) Zuständigkeiten nach dem Landeswahlgesetz

Nach dem Landeswahlgesetz ist der Verfassungsgerichtshof mit Entscheidungen im Zusammenhang mit Volksbegehren und Volksentscheid befaßt[477]. Im Rahmen des Verfahrens des einstweiligen Rechtsschutzes kann der Gerichtshof durch einstweilige Anordnungen alle Maßnahmen verbieten und verhindern, die geeignet wären, die spätere Durchführung des Volksbegehrens oder Volksentscheids bei Erfolg in der Hauptsache zu erschweren oder unmöglich zu machen.

---

[471] VerfGHE vom 12. September 1977, Vf. 8-VII-77 S. 2, siehe unten S. 127.
[472] VerfGHE vom 12. September 1977, Vf. 8-VII-77 S. 12 f, siehe unten S. 127.
[473] Vgl. VerfGH 24, 57.
[474] VerfGH 27, 61 (64); 27, 137.
[475] Vgl. Meder, Art. 98 Rdnr. 17.
[476] So beschreibt der Verfassungsgerichtshof seine Befugnis selbst in der Entscheidung vom 12. September 1977, Vf. 8-VII-77 S. 13, siehe unten S. 127.
[477] Siehe oben S. 54 ff.

(2) Entscheidungen in Angelegenheiten des Gesetzes über den Senat

Art. 5 Abs. 2 S. 5 SenG bestimmt, daß Einsprüche gem. Art. 5 Abs. 2 S. 4 SenG gegen eine Aufnahme, gegen die Ablehnung einer Aufnahme oder gegen eine Streichung aus dem Verzeichnis der wahlberechtigten Landesorganisationen der freien Berufe[478] keine aufschiebende Wirkung haben. Der Verfassungsgerichtshof kann aber durch den Erlaß einer einstweiligen Anordnung den Vollzug vorläufig aussetzen.

Dies gilt über die Verweisung in Art. 4 Abs. 2 S. 3 und Art. 8 Abs. 3 S. 2 SenG auch für die Spitzenorganisationen der Arbeiter oder der Angestellten oder der Berufsbeamten (Art. 4 SenG) und für die Wohltätigkeitsorganisationen (Art. 8 SenG). Ferner ist auch der Erlaß einer einstweiligen Anordnung bei der Beschwerde gem. Art. 13 S. 3 SenG[479] möglich.

III. Abweichende Ansicht

Jedes Mitglied des Verfassungsgerichtshofs hat gem. § 7 lit. a) S. 2 der Geschäftsordnung das Recht seine abweichende Meinung zu den Akten niederzulegen[480]. Bei der Veröffentlichung der Entscheidung in der amtlichen Sammlung ist eine erfolgte abweichende Ansicht nach § 8 Abs. 6 S. 3 GeschO mitzuveröffentlichen. Im Gegensatz zu den Sondervoten im Verfahren vor dem Bundesverfassungsgericht[481] geschieht dies ohne Namensnennung.

Wegen der Stellung des § 7 GeschO bei den allgemeinen Verfahrensvorschriften ist eine abweichende Ansicht in allen Verfahren und somit auch bei einer Entscheidung über den Erlaß einer einstweiligen Anordnung möglich. Eine abweichende Ansicht wurde aber bisher im Verfahren des einstweiligen Rechtsschutzes vor dem Bayerischen Verfassungsgerichtshof noch nicht geäußert[482].

---

[478] Näheres dazu oben S. 56 f.
[479] Siehe oben S. 57.
[480] In Bremen wird nach § 13 Abs. 3 S. 3 der Verfahrensordnung des Staatsgerichtshofs eine abweichende Ansicht zu den Akten gegeben; sie wird aber nicht Bestandteil der Verfahrensakten. In Hamburg erlaubt § 22 Abs. 4 des Verfassungsgerichtsgesetzes den Richtern ein Sondervotum, das der Entscheidung anzuschließen ist.
[481] Vgl. dazu § 30 Abs. 2 BVerfGG, § 55 der Geschäftsordnung des Bundesverfassungsgerichts vom 2. September 1975 (BGBl. I S. 2515).
[482] Siehe weiter zu Sondervoten bei Landesverfassungsgerichten de lege lata Starck, Landesverfassungsgerichtsbarkeit Teilbd. 1, S. 285 ff.

C. Wirkungsdauer der einstweiligen Anordnung

I. Aufhebung

Das Gericht selbst hat die Möglichkeit, eine von ihm erlassene einstweilige Anordnung wieder aufzuheben oder zu ändern.

1. Änderung der Umstände

Eine Änderung oder Aufhebung ist zum einen dann möglich, wenn sich die Umstände geändert haben oder wenn der Grund für den Erlaß weggefallen ist[483]. Die Entscheidung im Verfahren des einstweiligen Rechtsschutzes als Mittel zur Sicherung und Durchsetzbarkeit der Entscheidung in der Hauptsache erwächst nicht in materielle Rechtskraft[484].

2. Erlaß durch den Präsidenten

Das Gericht hat bei einstweiligen Anordnungen, die vom Präsidenten in entsprechender Anwendung von § 123 Abs. 2 S. 3 und § 80 Abs. 7 S. 1 VwGO allein erlassen werden, die Befugnis, diese Entscheidung zu überprüfen und gegebenenfalls aufzuheben, wenn das Plenum entsprechend § 80 Abs. 7 S. 2 VwGO innerhalb von zwei Wochen nach Bekanntgabe der Entscheidung angerufen wurde[485].

II. Entscheidung in der Hauptsache

Die einstweilige Aordnung kann andererseits nur solange Wirkung entfalten, bis in der Hauptsache entschieden wurde, denn dann ist ihr Zweck, die Entscheidung in der Hauptsache zu sichern und schwere und unzumutbare, nicht anders abwendbare Nachteile zu vermeiden, erreicht.

---

[483] Siehe Klein in Maunz/Schmidt-Bleibtreu/Klein/Ulsamer, § 32 Rdnr. 63.

[484] Vgl. für das Verfahren vor dem Bundesverfassungsgericht Grundmann, DÖV 1960, 680 (684); Klein in Maunz/Schmidt-Bleibtreu/Klein/Ulsamer, § 32 Rdnr. 63.

[485] Vgl. zum Erlaß einer einstweiligen Anordnung durch den Präsidenten oben S. 90.

Bei der Aussetzung des Vollzugs einer Entscheidung oder einer Rechtsnorm liegt dies auf der Hand, denn entweder wird die beanstandete Maßnahme kassiert oder ihre Verfassungsmäßigkeit bestätigt; in beiden Fällen ist kein Bedarf für eine weitere Aussetzung des Vollzugs. Aber auch soweit die einstweilige Anordnung regelnden Charakter hat, kann sie diese Regelung nur bis zur Entscheidung in der Hauptsache treffen[486]. Für den Fall, daß noch nach der Entscheidung in der Hauptsache Übergangsregelungen notwendig sein sollten — bis beispielsweise der Gesetzgeber in der vom Verfassungsgerichtshof geforderten Art und Weise tätig wird —, handelt es sich um Vollstreckungsmaßnahmen der Hauptsache[487]. Der Erlaß oder die Fortdauer einstweiliger Anordnungen nach der Entscheidung in der Hauptsache ist nicht möglich[488].

III. Tätigwerden des Gesetzgebers

Die einstweilige Anordnung kann schon vor Entscheidung in der Hauptsache gegenstandslos werden, wenn der Gesetzgeber in der vom Verfassungsgerichtshof gewünschten Weise tätig wird. In einer Entscheidung[489] schuf der Gerichtshof eine Übergangsregelung und forderte gleichzeitig den Gesetzgeber auf, tätig zu werden. Gleichzeitig stellte er seine einstweilige Anordnung unter die auflösende Bedingung des Tätigwerdens des Gesetzgebers.

IV. Anordnung der Klageerhebung

Die Wirkungsdauer der einstweiligen Anordnung ist grundsätzlich unbefristet[490]. Dies könnte Nachteile für denjenigen bringen, der durch die einstwei-

---

[486] Vgl. VerfGHE vom 12. September 1977, Vf. 8-VII-77 S. 2, siehe unten S. 127; die vorläufige Regelung war bis zum Tätigwerden des Gesetzgebers oder bis zur Entscheidung in der Hauptsache vorgesehen. Dabei war die Entscheidung in der Hauptsache die äußerste zeitliche Grenze.
[487] Im Verfahren vor dem Bundesverfassungsgericht wurde eine vorläufige Regelung in BVerfGE 37, 324 (325, 327 f.) angeordnet. In der Entscheidung in der Hauptsache, BVerfGE 39, 1 (68), wurde das Fortdauern der Regelung, die vorher auf § 32 BVerfGG gestützt wurde, bis zum Tätigwerden des Gesetzgebers auf die Vollstreckungsnorm des § 35 BVerfGG gestützt.
[488] Vgl. dazu auch Weiß, S. 67 ff.
[489] VerfGHE vom 12. September 1977, Vf. 8-VII-77; siehe oben S. 105 Fn. 486.
[490] Anders dagegen das Verfahren vor dem Bundesverfassungsgericht, vgl. § 32 Abs. 5 BVerfGG, der die Geltungsdauer auf maximal drei Monate beschränkt. Eine Wiederholung ist möglich, sollte jedoch nur dann geschehen, wenn inzwischen das Hauptsacheverfahren anhängig gemacht wurde, vgl. Erichsen, FG BVerfG Bd. 1, S. 170 (179).

lige Anordnung beschwert ist, wenn kein Hauptsacheverfahren anhängig ist: Der Antragsteller könnte sich mit dem Erreichten zufriedengeben und keinen Antrag auf Durchführung der Hauptsache stellen. In diesem Fall kann der Beschwerte in entsprechender Anwendung des § 926 ZPO, der über die Verweisung in § 26 GeschO zur Anwendung kommt, beantragen, daß demjenigen, der die einstweilige Anordnung erwirkt hat, aufgetragen wird, binnen einer zu bestimmenden Frist das Verfahren der Hauptsache anhängig zu machen[491]. Wird dieser Anordnung nicht Folge geleistet, so ist auf Antrag die einstweilige Anordnung entsprechend § 926 Abs. 2 ZPO aufzuheben[492].

D. Vollstreckung

Nach Art. 69 BV wäre der Gesetzgeber ermächtigt gewesen, auch Regelungen über die Vollstreckung von Urteilen des Verfassungsgerichtshofes zu treffen. Das Verfassungsgerichtshofgesetz enthält jedoch keine generelle Normierung, die die Vollstreckung von verfassungsgerichtlichen Entscheidungen regelt. Einzig Art. 51 Abs. 1 S. 2 VfGHG bestimmt, daß der Verfassungsgerichtshof, wenn er einer Verfassungsbeschwerde stattgibt, auch zu bestimmen hat, in welcher Weise ihr abzuhelfen ist.

Für Lemke ergibt sich die Vollziehbarkeit und Vollstreckung von einstweiligen Anordnungen aus der entsprechenden Anwendung von § 123 VwGO, der über § 26 der Geschäftsordnung entsprechend anwendbar ist. § 123 Abs. 3 VwGO verweist auf die §§ 928 - 932 ZPO, so daß entsprechend diesen Vorschriften Vollziehbarkeit sowie Art und Weise der Vollstreckung folgen sollen[493]. Im Verfassungsprozeßrecht wird jedoch ein umfassenderer Begriff der Vollstreckbarkeit als in anderen Verfahrensordnungen verwandt[494]. Das Bundesverfassungsgericht[495] versteht darunter den Inbegriff aller Maßnahmen, die erforderlich sind, um solche Tatsachen zu schaffen, wie sie zur Verwirklichung

---

[491] Die Vorschrift des § 926 ZPO gilt über die Verweisung in § 123 Abs. 3 VwGO auch für den Erlaß einstweiliger Anordnungen im Verwaltungsprozeß.
[492] Für die Anwendung des § 926 ZPO auch im Verfahren vor dem Verfassungsgericht Erichsen, FG BVerfG Bd. 1, S. 170 (179), der darin einen allgemeinen Rechtsgedanken sieht; Lechner, § 32 Arm. 3. b); Granderath, NJW 1971, 542 (543); Klein in Maunz/Schmidt-Bleibtreu/Klein/Ulsamer, § 32 Rdnr. 31; a.A. Lemke, S. 86.
[493] Vgl. Lemke, S. 134.
[494] Siehe Geiger, § 35 Anm. 5; Pestalozza, S. 180 ff.; Spanner, S. 46; Weiß, S. 5 ff.
[495] BVerfGE 6, 300 (303 f.) im Anschluß an Arndt, DVBl. 1952, 1 (3).

des von ihm gefundenen Rechts notwendig sind. Somit sind die in ZPO und VwGO vorhandenen Vollstreckungsregelungen wegen der Besonderheiten des verfassungsgerichtlichen Verfahrens zu eng. Es liegt nahe, ergänzend § 35 BVerfGG, der die Vollstreckung von Entscheidungen des Bundesverfassungsgerichts regelt, im Wege einer Analogie anzuwenden[496].

E. Schadensersatz

Auch beim Erlaß einstweiliger Anordnungen im Verfassungsprozeß wird das Problem diskutiert, ob dann, wenn sich der Erlaß als von Anfang an ungerechtfertigt erweist, derjenige, dem aus der Aussetzung oder Vollziehung der angeordneten Maßnahme Schaden erwachsen ist, diesen vom Antragsteller ersetzt verlangen kann[497]. Eine solche Schadensersatzpflicht ist anderen Verfahrensordnungen nicht unbekannt[498].

I. Ausgangspunkt

Aus der Unterscheidung, ob eine Prüfung des materiellen Rechts vorgenommen wurde oder nicht, ergeben sich Rückschlüsse auf eine mögliche Schadensersatzpflicht. Leipold spricht von einem Zusammenhang zwischen Grundstruktur des einstweiligen Rechtsschutzes und Entschädigungspflicht[499].

II. Maßnahmen des einstweiligen Rechtsschutzes mit möglicher Schadensersatzpflicht

§ 945 ZPO enthält den Grundgedanken einer verschuldensunabhängigen Schadensersatzpflicht. Er findet somit Anwendung beim Arrest nach den

---

[496] So auch Lemke, S. 134.
[497] Vgl. für das Verfahren vor dem Bundesverfassungsgericht Bahls, ZRP 1973, 57 ff.; Grunsky, JuS 1977, 217 ff.; Sandtner, BayVBl. 1970, 77 (80); Ule, FS Maunz, S. 395 (410 ff.); Zuck, S. 379 f.; speziell für den Bayerischen Verfassungsgerichtshof Meder, Art. 120 Rdnr. 42 a.E.
[498] Vgl. beispielsweise § 717 Abs. 2 S. 1, § 945 ZPO.
[499] Leipold, ZZP 90 (1977), S. 258 (269).

§§ 916 ff. ZPO, bei einstweiligen Verfügungen nach den §§ 935, 940 ZPO und über die Verweisung in § 123 Abs. 3 VwGO auch für die einstweilige Anordnung im Verwaltungsprozeß.

Bei diesen Maßnahmen handelt es sich um materiell-akzessorische Entscheidungen, bei denen die Prüfung der Hauptsache summarisch vorweggenommen wird[500].

III. Maßnahmen des einstweiligen Rechtsschutzes ohne Schadensersatzpflicht

Bei der Entscheidung, ob eine einstweilige Anordnung nach § 80 Abs. 5 VwGO ergeht, handelt es sich um eine offene Entscheidung[501], bei der das zugrundeliegende materielle Recht keine Rolle spielt, sondern vom Gericht eine Interessenabwägung vorgenommen wird[502], wie sie auch im Verfahren des einstweiligen Rechtsschutzes vor den Verfassungsgerichten praktiziert wird. Der Antragsteller macht sich im Verfahren des § 80 Abs. 5 VwGO in keinem Fall schadensersatzpflichtig[503]. Auch im verwaltungsgerichtlichen Normenkontrollverfahren nach § 47 VwGO können, wenn es zur Abwehr schwerer Nachteile oder aus anderen wichtigen Gründen dringend geboten ist, einstweilige Anordnungen erlassen werden, vgl. § 47 Abs. 8 VwGO[504]. Auch hier findet keine Vorausprüfung des materiellen Rechts statt, sondern es werden ebenfalls die Interessen der Beteiligten abgewogen[505]. Der Erlaß dieser einstweiligen Anordnung zieht ebenfalls keine Schadensersatzpflicht nach sich[506].

---

[500] Siehe oben S. 40.
[501] Siehe oben S. 41.
[502] Vgl. Finkelnburg/Jank, Rdnr. 716; Kopp, § 80 Rdnr. 83.
[503] BVerwGE 18, 71 (78 ff.); OVG Hamburg NJW 1961, 1962; Finkelnburg/Jank, Rdnr. 854; Ule, § 66 IV; a.A. OVG Münster, OVGE 15, 198 = JZ 1960, 544 mit abl. Anm. Bettermann; ohne weitere Begründung auch Kopp, § 80 Rdnr. 121.
[504] Bisheriger Abs. 7 wurde mit Wirkung vom 1.7.1987 durch Gesetz vom 8.12.1986 (BGBl. I S. 2191) Abs. 8.
[505] BayVGH, Beschluß vom 17. August 1977, DVBl. 1978, 113 (114); Besler, S. 251 ff.; Finkelnburg/Jank, Rdnr. 439; Schenke, DVBl. 1979, 169 (172); Zuck, DÖV 1977, 848 (850).
[506] § 47 Abs. 8 VwGO ordnet keine entsprechende Anwendung des § 123 VwGO mit dessen Abs. 3 an; Finkelnburg/Jank, Rdnr. 476; Hahn, JuS 1983, 678 (684); vgl. auch König-Ouvrier, S. 159 ff.

IV. Schlußfolgerung

Aus all dem ergibt sich, daß in den Verfahren, in denen dem Interesse desjenigen, der durch den Erlaß einer einstweiligen Anordnung einen Nachteil erleiden könnte, schon dadurch Rechnung getragen wird, daß seine Interessen in den Abwägungsprozeß miteinbezogen wurden, ein etwaiger Schadensersatzanspruch für entbehrlich gehalten wird. Wurden indes die Interessen nicht oder nicht genügend berücksichtigt, so folgt hieraus die potentielle Schadensersatzpflicht[507]. Die Berücksichtigung erfolgt erst im Wege der nachträglichen Kompensation[508].

Auch im Verfahren des einstweiligen Rechtsschutzes vor dem Bayerischen Verfassungsgerichtshof ergeht eine Entscheidung nur[509], wenn aufgrund einer Folgenabwägung feststeht, daß der Erlaß wegen des überwiegenden Interesses der Allgemeinheit oder eines Beteiligten unabweisbar ist[510]; für eine Schadensersatzpflicht ist auch hier kein Raum.

Gegen eine Schadensersatzpflicht sprechen ebenfalls die eher praktischen Argumente Grunskys[511]. Schwierigkeiten ergäben sich schon bei der Bezifferung des Schadens. Zudem wäre der auf den Staatsbürger zukommende Schadensersatzanspruch zu groß und ruinös, so daß das Verfahren vor den Verfassungsgerichten bis zur Bedeutungslosigkeit entwertet werden würde.

Aus all dem folgt, daß der Antragsteller im Verfahren des einstweiligen Rechtsschutzes vor dem Bayerischen Verfassungsgerichtshof auch für den Fall, daß sich die einstweilige Anordnung als von Anfang an ungerechtfertigt herausstellt, keine Schadensersatzpflicht zu gegenwärtigen hat.

F. Kosten des Verfahrens

I. Gerichtskosten

Das Verfahren vor dem Verfassungsgerichtshof ist in der Regel kostenfrei, Art. 22 Abs. 1 S. 1 VfGHG; dies gilt auch für das Verfahren des einstweiligen Rechtsschutzes[512].

---

[507] Leipold, S. 90, 132, 148.
[508] Vgl. Leipold, S. 179.
[509] Von dem Ausnahmefall des Anklageverfahrens abgesehen, vgl. oben S. 73 f.
[510] Siehe oben S. 70.
[511] Vgl. Grunsky, JuS 1977, 217 (219).

Der Verfassungsgerichtshof kann gem. Art. 22 Abs. 1 S. 2 VfGHG bei der Verfassungsbeschwerde nach Art. 120 BV dem Beschwerdeführer nach freier Überzeugung eine Gebühr bis 3000 Deutsche Mark auferlegen. Dabei beschränkt das Gericht die Geltung dieser Vorschrift nicht auf das Hauptsacheverfahren; erstmals wurde jetzt einem Beschwerdeführer in einem Verfahren des einstweiligen Rechtsschutzes eine Gebühr in Höhe von 600 DM auferlegt[513].

II. Außergerichtliche Kosten

Regelungen für die Gebühren der Rechtsanwälte in Verfahren vor den Verfassungsgerichten enthält § 113 BRAGO[514]. Für die in § 113 Abs. 1 BRAGO genannten Verfahren sind zunächst die Vorschriften des 6. Abschnitts für Strafsachen (§§ 83 ff. BRAGO) einschlägig. Da aber dieser Abschnitt keinen Gebührentatbestand für einstweilige Anordnungen enthält, sind über die Verweisung in § 113 Abs. 2 BRAGO die Vorschriften des 3. Abschnitts der BRAGO und somit auch § 40 Abs. 1 BRAGO für alle Verfahrensarten anwendbar. Danach gilt das Verfahren über den Antrag auf Anordnung, Abänderung oder Aufhebung einer einstweiligen Anordnung als eigene Angelegenheit.

Da das Verfahren des einstweiligen Rechtsschutzes vor dem Bayerischen Verfassungsgerichtshof gerichtsgebührenfrei ist, gilt für die Festsetzung des Gegenstandswertes § 113 Abs. 2 S. 3 BRAGO[515]: Der Gegenstandswert ist unter Berücksichtigung aller Umstände, wobei insbesondere die Bedeutung der Angelegenheit, der Umfang und die Schwierigkeit der anwaltlichen Tätigkeit sowie der Vermögens- und Einkommensverhältnisse des Auftraggebers zu berücksichtigen sind, nach billigem Ermessen zu bestimmen[516]. Der Mindeststreitwert beträgt 6000 Deutsche Mark, § 113 Abs. 2 S. 3 letzter HS. BRAGO.

---

[512] Vgl. VerfGH 25, 83 (92); 26, 101 (105); 31, 33 (44); 33, 111 (127); 34, 196 (199); 35, 82 (89); 36, 211 (215).
[513] Siehe VerfGHE vom 28. Juli 1989, Vf. 76-VI-89 S. 8, siehe unten S. 141; anders noch VerfGHE vom 4. März 1958, Vf. 19-VI-58 S. 5, siehe unten S. 129; E. vom 4. Mai 1960, Vf. 16-VI-60 S. 7, siehe unten S. 130.
[514] Bundesgebührenordnung für Rechtsanwälte vom 26. Juli 1957 (BGBl. I S. 907), zuletzt geändert durch Gesetz vom 22. Oktober 1987 (BGBl. I S. 2294).
[515] Vgl. Madert in Gerold/Schmidt/v. Eichen/Madert, § 113 Rdnr. 8; Hartmann, § 113 BRAGO, Anm. 3) B.
[516] Siehe VerfGH 32, 121 (130); 35, 39 (49); 36, 69 (74).

Die genauen Verfahrensregelungen für die Wertfestsetzung finden sich in § 10 BRAGO. Danach setzt der Verfassungsgerichtshof auf Antrag den Wert des Gegenstandes durch Beschluß selbständig fest. Der Beschluß kann aber auch mit der Entscheidung im zugrundeliegenden Verfahren verbunden werden[517]. Nach § 25a der Geschäftsordnung kann die kleine Besetzung des § 13 Abs. 3 GeschO desgleichen den Gegenstandswert festsetzen.

III. Kostenerstattung

Im verfassungsgerichtlichen Verfahren gibt es keine Regelung, wonach etwa der unterlegene Antragsteller einem obsiegenden Beteiligten dessen Kosten zu ersetzen hätte. Vielmehr kann der Bayerische Verfassungsgerichtshof nach Art. 22 Abs. 2 S. 2 VfGHG der Staatskasse die volle oder teilweise Erstattung der Kosten und Auslagen aufgeben.

Wie im Verfahren in der Hauptsache kommt eine Kostenerstattung, über die der Gerichtshof mit pflichtgemäßem Ermessen entscheidet, dann in Frage, wenn der Antragsteller in der Hauptsache ganz oder teilweise Erfolg hat[518]. Eine Erstattung der Kosten ist auch dann möglich, wenn die Entscheidung trotz Abweisung dazu geführt hat, daß eine mißverständliche Norm verfassungskonform interpretiert wird[519]. Schließlich ist auch bei der Erledigung der Hauptsache eine Kostenerstattung möglich[520].

Nach § 161 Abs. 1 VwGO, der über die Verweisung in § 26 der Geschäftsordnung des Verfassungsgerichtshofs Anwendung findet, ist, soweit eine Kostenerstattung für das Verfahren des einstweiligen Rechtsschutzes in Frage kommt, in dieser Entscheidung die Kostenerstattung auszusprechen[521].

---

[517] Vgl. VerfGH 32, 121 (130); 35, 39 (49); 36, 69 (74).
[518] Vgl. für das Popularklageverfahren VerfGH 32, 121 (130); 34, 65 (77); 36, 56 (69); 36, 162 (172); 39, 96 (169); für das Verfassungsbeschwerdeverfahren VerfGH 36, 69 (74).
[519] Siehe VerfGH 35, 39 (49).
[520] Vgl. VerfGH 35, 26 (28 f.).
[521] So auch für die Verfahren nach § 80 Abs. 5, § 123 VwGO Eyermann/Fröhler, § 161 Rdnr. 2; Kopp, § 161 Rdnr. 1.

IV. Prozeßkostenhilfe

Nach der Auferlegung eines Prozeßvertreters, die nach § 48 der Geschäftsordnung im Verfassungsbeschwerdeverfahren[522], aber auch im Popularklageverfahren[523] möglich ist, kann der Beschwerdeführer einen Antrag auf Prozeßkostenhilfe stellen, § 25 Abs. 1, § 48 Abs. 2 GeschO. Dies ist bereits im Verfahren des einstweiligen Rechtsschutzes möglich[524].

Die Gewährung richtet sich nach den Voraussetzungen der §§ 114 ff. ZPO[525]; es kommt insbesondere die Beiordnung eines Rechtsanwalts gem. § 121 ZPO in Betracht. Dabei entscheidet der Verfassungsgerichtshof gem. § 48 Abs. 2 GeschO in der kleinen Besetzung des § 13 Abs. 3 GeschO.

V. Erinnerung gegen den Kostenfestsetzungsbeschluß

Nach § 25 Abs. 3 S. 1 der Geschäftsordnung des Verfassungsgerichtshofs setzt der Urkundsbeamte der Geschäftsstelle die zu erstattenden Kosten und Auslagen fest. Gegen diesen Kostenfestsetzungsbeschluß ist eine Erinnerung möglich. Die Geschäftsordnung selbst bestimmt keine Frist, geht aber von einer befristeten Erinnerung aus, denn nach § 25 Abs. 4 S. 2 GeschO beginnt "die Frist" mit der Zustellung des Kostenfestsetzungsbeschlusses. In entsprechender Anwendung des § 104 Abs. 3 S. 2 ZPO ist die Erinnerung binnen einer Notfrist von zwei Wochen zu erheben. Über diese Erinnerung entscheidet nach § 25 Abs. 4 S. 2 GeschO der Verfassungsgerichtshof in der kleinen Besetzung des § 13 Abs. 3 GeschO. Gem. § 25 Abs. 4 S. 3 GeschO hat die Erinnerung gegen den Kostenfestsetzungsbeschluß aufschiebende Wirkung.

---

[522] Siehe oben S. 76 ff.
[523] Vgl. oben S. 77 f.
[524] Vgl. für den Zivilprozeß Stein-Jonas-Leipold, vor § 114 Rdnr. 4.
[525] Siehe dazu Schumann, Landesverfassungsgerichtsbarkeit Teilbd. 2, S. 149 (230).

Dritter Teil
Verfassungsgerichtshofgesetz und Geschäftsordnung des Verfassungsgerichtshofs de lege ferenda

§ 8 Änderung der Geschäftsordnung

Der Verfassungsgerichtshof entnimmt seine Befugnis, Maßnahmen des einstweiligen Rechtsschutzes anzuordnen, über die Verweisung in § 26 GeschO den entsprechenden Regelungen in VwGO und ZPO. Bei einer Neugestaltung des Verfahrens liegt an dieser Stelle ein möglicher Ansatzpunkt.

A. Geschäftsordnung des Bayerischen Verfassungsgerichtshofs

Es ist kennzeichnend für Verfassungsorgane und zugleich Ausfluß ihrer Verfahrensautonomie[526], daß sie berechtigt sind, sich eine Geschäftsordnung zu geben[527]. Die Geschäftsordnung einer parlamentarischen Körperschaft begründet nur unmittelbare Rechte und Pflichten für deren Mitglieder und bindet nur die erlassende Körperschaft selbst[528].

Ergänzend zu den Regelungen im Verfassungsgerichtshofgesetz besitzt der Präsident des Bayerischen Verfassungsgerichtshofs nach Art. 23 VfGHG die Befugnis, neben dem internen Geschäftsgang außerhalb der eigentlichen Prozeßtätigkeit[529] auch das weitere Verfahren zu regeln. Aus diesem weitergehenden Regelungsinhalt erklärt sich der Genehmigungsvorbehalt[530] dieser Ge-

---

[526] Vgl. dazu für das Bundesverfassungsgericht Zembsch, S. 35 ff.
[527] Siehe Starck, Landesverfassungsgerichtsbarkeit Teilbd. 1, S. 155 (177).
[528] Vgl. VerfGH 8, 91 (100); BVerfGE 1, 148 (153); Knöpfle, S. 16 Fn. 26.
[529] Siehe dazu Geiger, vor § 17; Lechner, Anm. A vor § 17; Klein in Maunz/Schmidt-Bleibtreu/Klein/Ulsamer, vor § 17 Rdnr. 21; Zembsch, S. 44.
[530] Alle Verfahren bis auf Bremen und Saarland unterliegen einem Gesetzesvorbehalt für Organisation und Verfahren der Landesverfassungsgerichte, vgl. Starck, Landesverfassungsgerichtsbarkeit Teilbd. 1, S. 155 (161).

schäftsordnung durch den Landtag nach Art. 23 S. 2 VfGHG. Der Gesetzesvorbehalt für Organisation und Verfahren ergibt sich aus Art. 69 BV.

Soweit die Geschäftsordnung Regelungen enthält, die nicht nur intern wirken wie beispielsweise die Bildung der Senate, sondern nach außen verbindliche Regelungen setzt, hat sie den Charakter eines materiellen Rechtssatzes[531] und kann somit als Vorschrift des bayerischen Landesrechts in diesem Umfang im Wege der Popularklage überprüft werden[532].

B. Geltende Regelung

§ 26 GeschO bestimmt, daß, soweit das Verfassungsgerichtshofgesetz oder diese Geschäftsordnung keine Bestimmungen über das Verfahren enthalten, die Vorschriften der Verwaltungsgerichtsordnung, ergänzend die der Zivilprozeßordnung heranzuziehen sind.

Eine Regelungstechnik, bei der ergänzend auf weitere Gesetze als Ganzes verwiesen wird, stellt eine ergänzende und subsidiäre Generalverweisung[533] dar. Eine solche Verweisung dient dazu, die Regelungen des verweisenden Gesetzes zu ergänzen, soweit bei dessen Anwendung Unvollständigkeiten erkannt werden[534]. Im Wege der Auslegung ist im Einzelfall festzustellen, welche Regelung des bezogenene Gesetzes zur Ausfüllung der erkannten Regelungslücke heranzuziehen ist[535].

Zugleich handelt es sich dabei um eine dynamische Außenverweisung. Es wird nicht innerhalb eines Regelungswerkes verwiesen[536], sondern auf eine außerhalb liegende Normierung Bezug genommen[537]. Dynamisch ist eine Verweisung dann, wenn nicht auf einen Regelungsinhalt, wie er zu einer bestimmten Zeit in Kraft ist, verwiesen wird[538], sondern die Regelung in ihrer jeweils geltenden Fassung angewandt werden soll[539]. In § 26 GeschO wird weder auf

---

[531] Vgl. VerfGH 6, 136 (139, 143); 15, 1 (2); 15, 41 (42); 34, 178 (179); Knöpfle, S. 16.
[532] VerfGH 6, 136; 15, 1; 15, 41; Meder, Art. 98 Rdnr. 8a.
[533] Vgl. Karpen, S. 41 f.; Müller, S. 177 f.
[534] Siehe Karpen, S. 42.
[535] Vgl. Karpen, a.a.O.
[536] Sogenannte Binnenverweisung, vgl. Karpen S. 12.
[537] Siehe Karpen, S. 13.
[538] Sogenannte statische Verweisung, vgl. Ossenbühl, DVBl. 1967, 401.
[539] Auch der Begriff dynamische Verweisung stammt von Ossenbühl, DVBl. 1967, 401.

§ 8 Änderung der Geschäftsordnung   111

die Verwaltungsgerichtsordnung und die Zivilprozeßordnung in einer bestimmten Fassung noch in ihrer jeweiligen Fassung verwiesen. Bei einer solchen schlichten Verweisung[540] ist davon auszugehen, daß die bezogene Regelung in ihrer jeweiligen Fassung zur Anwendung kommen soll[541]. Dies wird damit begründet, daß nach dem Sinn der Verweisung, bei gleichartigen Problemen auf bereits vorhandene Regelungen zurückzugreifen, auch die künftige Entwicklung miteinbezogen werden. Statische Verweisungen führen, wenn sie nicht laufend angepaßt werden, zu Versteinerungen.

C. Änderung des Regelungsinhalts

In der ursprünglichen Fassung vom 24. Mai 1948[542] nahm die Geschäftsordnung des Bayerischen Verfassungsgerichtshofs in § 26 eine Verweisung auf das Verwaltungsgerichtsgesetz, ergänzend auf die Zivilprozeßordnung, vor.

I. Verwaltungsgerichtsgesetz

Nach Art. II S. 1 der Proklamation Nr. 2 der Militärregierung Deutschland — Amerikanische Zone —[543] hatten die Staaten der amerikanischen Besatzungszone, also auch Bayern[544], vorbehaltlich der übergeordneten Machtbefugnis der Militärregierung die volle gesetzgeberische Gewalt; dabei war gem. Art. II S. 2 dieser Proklamation der Ministerpräsident zur Gesetzgebung ermächtigt. Nach der Koordinierung durch den Länderrat[545] und nachdem die amerikanische Militärregierung ihre Genehmigung erteilt hatte, wurde das Verwaltungsgerichtsgesetz am 25. September 1946 erlassen[546]. Dabei handelte

---

[540] Vgl. Müller, S. 173.
[541] BayVGH BayVBl. 1960, 321 (322); VerfGH 17, 61 (65); Müller, S. 173; Ossenbühl, DVBl. 1967, 401 (403); so auch Eyermann/Fröhler, § 173 Anm. 2, zu § 173 VwGO, der eine ergänzende Generalverweisung auf die Zivilprozeßordnung und das Gerichtsverfassungsgesetz vornimmt, ohne eine bestimmte Fassung zu nennen; ebenso zur Verweisung in Art. 44 Abs. 2 S. 1 GG auf die Vorschriften über die Beweiserhebung der StPO BVerfG, NJW 1988, 897 (898).
[542] GVBl. S. 121.
[543] ABl. AS. 1.
[544] Vgl. Art. I S. 2 der Proklamation Nr. 2 der Militärregierung.
[545] Beschluß des Länderrats vom 6. August 1946, vgl. van Husen, S. 3 ff.
[546] Gesetz Nr. 39 über die Verwaltungsgerichtsbarkeit vom 25. September 1946, GVBl. 281.

es sich nur um ein zonal angeglichenes und nicht um ein zoneneinheitliches Gesetz[547]. Das Verwaltungsgerichtsgesetz war somit der Gesetzgebungsgewalt des Staates Bayern und nach Inkrafttreten der Verfassung über Art. 186 Abs. 2 BV der Gesetzgebungsgewalt des Freistaates Bayern unterworfen[548].

Mit Inkrafttreten der Verwaltungsgerichtsordnung[549] am 1. April 1960 wurden mit Ausnahme landesrechtlicher Vorschriften über die Mitwirkung von Ausschüssen und Beiräten im Vorverfahren nach § 73 Abs. 2 VwGO alle früheren in Bund und Ländern geltende Verwaltungsgesetze und Verordnungen aufgehoben, § 195 Abs. 2 VwGO. Daraufhin wurde die Geschäftsordnung des Verfassungsgerichtshofs geändert und formell folgerichtig auf die VwGO als Nachfolgevorschrift des VGG verwiesen[550].

II. Zivilprozeßordnung

Die Zivilprozeßordnung war als Reichsrecht nach dem Zusammenbruch Deutschlands der Gesetzgebungsgewalt des Landes Bayern unterworfen. Nach Art. II der Proklamation Nr. 2 der Militärregierung Deutschland — Amerikanische Zone — blieb das Reichsrecht auch nach dem Zusammenbruch in Bayern in Geltung[551]. Gem. Art. III dieser Proklamation hatten die Staaten der amerikanischen Besatzungszone die volle gesetzgebende Gewalt, so daß der Landesgesetzgeber Reichsrecht aufheben und abändern konnte[552]. Nach dem Inkrafttreten der Verfassung des Freistaates Bayern am 1. Dezember 1946 blieb bestehendes Recht in Kraft, soweit ihm die Verfassung nicht entgegenstand[553]; damit stand die ZPO weiterhin unter der Herrschaft des Landesrechts.

Welche Qualität dieses Recht hatte, ist für die weitere Untersuchung ohne Belang, da es auf jeden Fall der Gesetzgebungsgewalt des bayerischen Staates unterlag[554].

---

[547] Vgl. Härtel, S. 97.
[548] Vom Länderrat erlassene oder dazu erklärte zoneneinheitliche Gesetze unterlagen nicht der Kontrolle der Bayerischen Verfassung und des Verfassungsgerichtshofs, vgl. VerfGH 2, 107 (108 f.), 143 (158), 170 (175); 3, 95 (101 f.); 6, 15 (20); 14, 25 (29).
[549] Vom 21. Januar 1960, BGBl. I S. 17.
[550] GVBl. 1960, S. 110.
[551] Davon geht auch das Grundgesetz in Art. 125 Nr. 2 GG aus.
[552] Vgl. die Bildung des Staates Bayern in Art. I der Proklamation Nr. 2 der Militärregierung Deutschland.
[553] Vgl. Meder, Art. 186 Rdnr. 2; Zacher in Nawiasky/Leusser/Schweiger/Zacher, Art. 186 Rdnr. 2.
[554] Vgl. Zacher in Nawiasky/Leusser/Schweiger/Zacher, IV Rdnr. 86.

Zu erwähnen bleibt, daß der Bayerische Verfassungsgerichtshof das dem bayerischen Gesetzgeber unterstellte Reichsrecht zunächst als Landesrecht ansah[555]. Danach sprach er nurmehr von der Abänderungsbefugnis des Landes[556]. In einer Entscheidung im Jahre 1956 bejahte der Verfassungsgerichtshof schließlich den Fortbestand des Reiches[557]; das Deutsche Reich sei im Rechtssinne 1945 nicht untergegangen, es habe vielmehr durch den totalen Zusammenbruch lediglich seine Handlungsfähigkeit verloren[558]. Sowohl durch die Proklamation Nr. 2 der Militärregierung Deutschland — Amerikanische Zone — als auch durch Art. 186 Abs. 2 BV wurde die Weitergeltung von Gesetzen und Verordnungen angeordnet. Ihre Eigenschaft als Reichsrecht blieb damit unberührt[559].

Die Zivilprozeßordnung wurde am 7. September 1949[560] zu Bundesrecht. Zum gerichtlichen Verfahren und damit nach Art. 74 Nr. 1 GG zu dem Gebiet der konkurrierenden Gesetzgebung gehörend, wurde sie gem. Art. 125 GG der Gesetzgebungsgewalt des Landes Bayern entzogen.

III. Schlußfolgerung

Die Geschäftsordnung des Bayerischen Verfassungsgerichtshofs nimmt in ihrer derzeit gültigen Fassung entgegen ihrer ursprünglichen Konzeption keine Verweisung mehr auf Recht vor, das der Gesetzgebungsgewalt des bayerischen Staates unterliegt, sondern es wird auf Bundesrecht verwiesen.

D. Die dynamische Verknüpfung von Landes- und Bundesrecht

Probleme könnten sich daraus ergeben, daß die Geschäftsordnung des Bayerischen Verfassungsgerichtshofs als Norm des Landesrechts auf Bundesrecht verweist.

---

[555] VerfGH 1, 81 (84); 2, 115 (126); 3, 15 (23), 67 (81), 90 (92 f.); 4, 78 (85), 109 (131).
[556] VerfGH 4, 109 (136); 5, 225 (231), 297 (299); 6, 131 (134); 9, 14 (17).
[557] VerfGH 9, 27 (30 f.).
[558] Vgl. zur Fortbestandstheorie BVerfGE 2, 226 (277); 3, 288 (319 f.); 5, 85 (126); 6, 309 (336, 363); 36, 1 (15 f.).
[559] VerfGH 9, 27 (30 f.).
[560] Entscheidend war gem. Art. 122 Abs. 1, Art. 123 Abs. 1 GG der Zusammentritt des Bundestags am 7. September 1949. Die Abweichung von Art. 145 Abs. 2 GG, der auf den Ablauf des Tages der Verkündung des Grundgesetzes, also den 24. Mai 1949, abstellt, wird damit begründet, daß erst ab diesem Zeitpunkt ein kompetentes Gesetzgebungsorgan vorhanden war.

Die Problematik der dynamischen Verknüpfung von Landes- und Bundesrecht ist ein gerade in letzter Zeit wieder breit erörtertes Thema[561].

I. Ablehnende Stimmen

Zunächst wird bei der Außenverweisung auf Normen eines anderen Gesetzgebers ein Verstoß gegen rechtsstaatliche Verkündung und das Gebot der Normenklarheit angenommen, weil für den Normanwender nicht erkennbar ist, was über die Verweisung gelten soll, wenn das Verweisungsobjekt nicht ebenfalls publiziert wird[562].

Weiter wird ein Verstoß gegen das Demokratiegebot gerügt[563]. Die Identität von Regierenden und Regierten ist dann durchbrochen, wenn der Inhalt der Norm von Trägern fremder Staatsgewalt festgelegt wird, denn diese können den Inhalt der bezogenen Norm jederzeit ändern.

Darüberhinaus verbietet das Bundesstaatsprinzip die freiwillige Preisgabe von verfassungsrechtlich festgelegten Gesetzgebungszuständigkeiten zugunsten eines anderen Normgebers[564]. Schließlich wird die freiwillige Preisgabe von Gesetzgebungskompetenzen als Verstoß gegen das Demokratieprinzip angesehen[565]. Der verweisende Normgeber kann den Inhalt seiner Normen nicht mehr voraussehen; vielmehr kann dieser sich ändern, ohne daß er darauf Einfluß nehmen kann.

II. Bejahende Stimmen

Gegen diese Argumente und für die Zulässigkeit von dynamischen Verweisungen wird vorgebracht, daß die Verweisung auch zwischen verschiedenen Normgebern eine seit mindestens hundert Jahren verbreitete und bewährte Praxis ist[566].

---

[561] Vgl. dazu Brugger, VerwArch 78 (1987), S. 1 (2 Fn. 2) mit weiteren Nachweisen.
[562] Siehe Arndt, JuS 1979, 784 (788); Karpen, S. 154 ff.; Ossenbühl, DVBl. 1967, 401 (406); Schenke, FS Fröhler, S. 87 (96 ff.).
[563] Vgl. VG Hamburg, Urteil vom 17. Mai 1978, NJW 1979, 667 (668 f.); Arndt, JuS 1979, 784 (785 f.); Karpen, S. 182 f.; Ossenbühl, DVBl. 1967, 401 (402 f.).
[564] Siehe Arndt, JuS 1979, 784 (789); Karpen, S. 198; Schenke, FS Fröhler, S. 87 (113 ff.).
[565] Vgl. Arndt, JuS 1979, 784 (786); Karpen, S. 180; Ossenbühl, DVBl. 1967, 401 (403 f.); Schenke, FS Fröhler, S. 87 (118 ff.).

Der verweisende Normgeber gibt keine Kompetenzen ab, denn die Verweisung beruht ja auf seinem Willen. Wird das Verweisungsobjekt später geändert oder entscheidet er sich für eine andere Regelung, so kann er sich jederzeit abkoppeln[567].

Zudem liege kein Verstoß gegen das Publikationsgebot vor, da dem Bürger der Zugriff auf Gesetz- und Verordnungsblätter, in denen die Verweisungsobjekte publiziert sind, zumutbar sei[568].

Auch das Demokratieprinzip sei nicht beeinträchtigt, soweit der Inhalt des Verweisungsobjekts im wesentlichen feststehe und somit die Gefahr zukünftiger Änderungen gering sei[569]. Das gilt insbesondere für Verweisungen im Bereich des Verfahrensrechts, denn die Anforderungen, die die Verfassung nach Art. 19 Abs. 4, Art. 101 Abs. 1 S. 2, Art. 103 Abs. 1 GG an verfahrensrechtliche Vorschriften stellt, sind besonders hoch. Wegen dieser Eingrenzung des Regelungsgegenstandes ist auch bei einer Verweisung die rechtsstaatliche, demokratische Legitimation nicht zu beanstanden[570].

Schließlich wird eingewandt, daß Verfahrensrecht kein Feld für föderalistische Selbstbestimmung bietet, so daß Verweisungen auf diesem Gebiet auf jeden Fall zulässig sind[571].

III. Eigene Stellungnahme

Trotz der beachtlichen Argumente, die gegen eine dynamische Verknüpfung von Bundes- und Landesrecht sprechen, ist eine solche Vorgehensweise zumindest bei einer Verweisung auf Verfahrensrecht zulässig.

Es stellt einen Akt der Rechtsvereinheitlichung[572] dar, wenn im Verfahrensrecht für gleichartige Strukturprobleme auf bereits vorhandene Regelungen zurückgegriffen wird[573], auch wenn dies Verfahrensnormen eines anderen Ge-

---

[566] So Schneider, Rdnr. 398.
[567] Vgl. BayVGH BayVBl. 1960, 321 (322); VerfGH 17, 61 (66); OVG Hamburg NJW 1980, 2830 ff.; BGHZ 15, 221 (223); Schneider, Rdnr. 398; Veh, BayVBl. 1987, 225 (226).
[568] Brugger, VerwArch 78 (1987), S. 1 (9 ff., 16 f.).
[569] BVerfGE 26, 338 (366 f.); OVG Hamburg NJW 1980, 2830 (2832); Brugger, VerwArch 78 (1987), S. 1 (25 f.); Gamber, VBlBW 1983, 197 (198); Schenke, NJW 1980, 743 (749).
[570] Vgl. Clemens, AöR 111 (1986), S. 63 (110 ff.).
[571] So Schneider, Rdnr. 398.
[572] Dazu Karpen, S. 12 f.
[573] Siehe Veh, BayVBl. 1987, 225 (231).

setzgebers sind. Außerdem wird dadurch der Gesetzgeber entlastet[574]. Zugleich muß der Gesetzgeber bemüht sein, im Sinne einer Gesetzesökonomie[575] eine überschaubare und praktizierbare Rechtsordnung zu schaffen.

Das Verfassungsgerichtshofgesetz und die Geschäftsordnung des Bayerischen Verfassungsgerichtshofs wären tatsächlich unnötig aufgebläht, wenn — auch außerhalb der Generalverweisung in § 26 GeschO — nicht eine Vielzahl von Verweisungen vorgenommen werden würden[576]. Daß die dabei notwendigen Verweisungen nur auf Bundesrecht erfolgen können, erklärt sich daraus, daß der Bundesgesetzgeber seine Kompetenz auf dem Gebiet des Gerichtsverfahrens, das nach Art. 74 Nr. 1 GG zur konkurrierenden Gesetzgebung gehört, nahezu gänzlich ausgeschöpft hat.

E. Bundesverfassungsgerichtsgesetz als richtiges Verweisungsobjekt

Nachdem die Bedenken gegen die Regelungstechnik der Verweisung nicht durchgreifen, stellt sich jedoch die Frage, ob auf das richtige Objekt verwiesen wird.

Der Bayerische Verfassungsgerichtshof erläßt im Verfahren des einstweiligen Rechtsschutzes sogenannte offene Entscheidungen[577]; es wird nicht auf das zugrundeliegende materielle Recht abgestellt, sondern eine Abwägung der Interessen vorgenommen[578]. Damit hat er weitgehend den Boden des § 123

---

[574] Dazu Karpen, S. 14.
[575] Vgl. zum Prinzip der Gesetzesökonomie Karpen, S. 11 f.
[576] Vgl. dazu folgende Verweisungen: Art. 8 S. 1 VfGHG auf die §§ 22 bis 29 StPO; Art. 12 Abs. 1 VfGHG auf die Titel 14 bis 16 GVG; Art. 16 Abs. 3 VfGHG auf die StPO mit Ausnahme des § 54 und auf die ZPO; Art. 30 Abs. 5 VfGHG auf die §§ 187, 188, 192, 193, 194, 196 und 197 StPO; Art. 31 Abs. 2 S. 2 VfGHG auf die §§ 217, 219 und 220 StPO; Art. 35 VfGHG auf die §§ 226 bis 229, 236, 240 bis 254, 256 bis 258, 271 bis 273 und 275 StPO; Art. 36 Abs. 2 S. 2 VfGHG auf die §§ 368, 369 Abs. 1, 2 und 4, §§ 370 und 371 Abs. 1 bis 3 StPO; § 9 Abs. 4 GeschO auf die §§ 229, 361, 362, 365, 366, 398 Abs. 2 und § 400 ZPO; § 16 Abs. 2 GeschO auf die §§ 159 bis 162, 163a ZPO; § 22 Abs. 1 S. 2 GeschO auf die §§ 208 bis 213 ZPO; § 23 S. 1 GeschO auf die §§ 208 bis 213 ZPO; § 23 S. 1 GeschO auf die §§ 208 bis 213 ZPO; § 23 S. 1 GeschO für die Fristberechnung auf das BGB; § 25a GeschO auf § 113 Abs. 2 BRAGO; § 32 Abs. 1 GeschO auf die §§ 193 bis 195 StPO.
[577] Siehe oben S. 41.
[578] Siehe oben S. 69 ff.

§ 8 Änderung der Geschäftsordnung   117

VwGO verlassen und sich dem § 32 BVerfGG und der Rechtsprechung des Bundesverfassungsgerichts angenähert[579].

So ist der strenge Maßstab[580], das Außerachtlassen der Erfolgsaussichten in der Hauptsache[581], außer es bestehe offensichtlich keine Aussicht auf Erfolg[582], und der Anordnungsgrund "Abwehr schwerer Nachteile für die Allgemeinheit"[583] sowohl in der Judikatur des Bundesverfassungsgerichts als auch in der des Bayerischen Verfassungsgerichtshofs zu finden. Auch wird die Rechtsprechung des Bundesverfassungsgerichts fast im gleichen Maße zitiert wie die eigene Judikatur.

Weiterhin ist zu prüfen, ob nicht nur eine Verweisung auf § 32 BVerfGG, sondern auf das gesamte Bundesverfassungsgerichtsgesetz vorgenommen werden sollte, zumal beim Erlaß der ursprünglichen Geschäftsordnung dieses Gesetz noch nicht bestand und eine Verweisung darauf noch nicht möglich war[584].

I. Beschränkung der Verweisung auf den zweiten Teil des Bundesverfassungsgerichtsgesetzes

Der zweite Teil des Bundesverfassungsgerichtsgesetzes (§§ 17 bis 35) enthält die allgemeinen Verfahrensvorschriften, die für alle Verfahrensarten gelten.

Wegen des teilweise anderen Tätigkeitsfeldes[585] und der teilweise anderen Ausgestaltung der Verfahren[586] könnte es zu Anwendungsschwierigkeiten kommen[587], so daß aus diesem Grund die Beschränkung vorgenommen werden muß.

---

[579] So auch Lemke, S. 130.
[580] Vgl. oben S. 67; BVerfGE 16, 220 (226 f.); 25, 367 (369); 43, 198 (200).
[581] Vgl. oben S. 63; BVerfGE 24, 68 (74); 40, 7 (9); 43, 198 (200 f.).
[582] Vgl. oben S. 64 ff.; BVerfGE 43, 198 (201).
[583] Vgl. oben S. 68; BVerfGE 40, 7 (9).
[584] Die erste Geschäftsordnung des Bayerischen Verfassungsgerichtshofs stammte vom 24. Mai 1948, das Bundesverfassungsgerichtsgesetz erst vom 12. März 1951.
[585] Vgl. die Bund-Länderstreitigkeiten nach Art. 93 Abs. 1 Nr. 3 GG einerseits, die Zuständigkeiten nach dem Bayerischen Landeswahlgesetz andererseits.
[586] Vgl. die Verfassungsbeschwerde nach Art. 93 Abs. 1 Nr. 4a GG einerseits, die Popularklage nach Art. 98 S. 4 BV und die Verfassungsbeschwerde nach Art. 120 BV andererseits.
[587] Siehe auch die Probleme bei einer möglichen Anwendung des § 79 Abs. 2 BVerfGG durch Landesverfassungsgerichte, Steiner, FG BVerfG Bd.1, S. 628 (636 ff.).

II. Unterschiede zwischen Bundesverfassungsgerichtsgesetz und geltendem Recht

1. Einstweilige Anordnung

Wird jedoch auf den zweiten Teil des Bundesverfassungsgerichtsgesetzes und damit auch auf dessen § 32 verwiesen, so kommt es zu Veränderungen bei der Entscheidung über den Erlaß einstweiliger Anordnungen und beim Erlaß selbst. Die Rechtsprechung des Bayerischen Verfassungsgerichtshofs hat sich zwar dem § 32 BVerfGG angenähert, stimmt aber nicht inhaltlich mit dem Verfahren vor dem Bundesverfassungsgericht überein.

Wird die einstweilige Anordnung durch Beschluß, also ohne mündliche Verhandlung[588], erlassen oder abgelehnt, so kann nach § 32 Abs. 3 BVerfGG Widerspruch erhoben werden. Der Bayerische Verfassungsgerichtshof kennt eine solche Regelung nicht. Tatsächlich wäre bei einer Verweisung auf § 32 BVerfGG stets die Einlegung eines Widerspruchs möglich, denn der Bayerische Verfassungsgerichtshof entscheidet in Verfahren des einstweiligen Rechtsschutzes grundsätzlich ohne mündliche Verhandlung[589].

Nach § 32 Abs. 5 BVerfGG tritt die einstweilige Anordnung nach drei Monaten außer Kraft. Bei den einstweiligen Anordnungen im bayerischen Verfassungsprozeß ist regelmäßig die Entscheidung in der Hauptsache die zeitliche Grenze[590].

Schließlich ergeben sich Abweichungen bei den Fällen besonderer Dringlichkeit; nach § 32 Abs. 6 BVerfGG können drei Richter dann eine einstweilige Anordnung erlassen, wenn der Beschluß einstimmig ergeht. Die Maßnahme tritt nach einem Monat außer Kraft. Wird sie durch den Senat bestätigt, so tritt sie drei Monate nach ihrem Erlaß außer Kraft. Im Verfahren vor dem Bayerischen Verfassungsgerichtshof kann in dringenden Fällen der Präsident allein eine einstweilige Anordnung erlassen. Gegen diese Entscheidung ist innerhalb von zwei Wochen nach Bekanntgabe die Anrufung des Plenums zulässig[591].

Auch die zeitliche Befristung der Wirkungsdauer, wie sie in § 32 Abs. 5 BVerfGG vorgesehen ist, ist im bayerischen Verfassungsprozeß nicht notwen-

---

[588] Vgl. § 25 Abs. 2 BVerfGG.
[589] Siehe oben S. 88.
[590] Siehe oben S. 100 f.
[591] Siehe oben S. 90.

dig. Da der Bayerische Verfassungsgerichtshof nicht so überlastet ist wie das Bundesverfassungsgericht[592], ergehen seine Entscheidungen in angemessener Zeit[593]. Zudem gibt es bei nicht anhängigen Verfahren die Möglichkeit, die Erhebung der Hauptsacheklage anzuordnen[594].

2. Weiteres Verfahren

Die Verweisung auf das Bundesverfassungsgerichtsgesetz hätte auch Auswirkungen auf das übrige Verfahren vor dem Bayerischen Verfassungsgerichtshof, denn auf die Verweisung in § 26 GeschO wird nicht nur im Verfahren des einstweiligen Rechtsschutzes zurückgegriffen.

So hat der Gerichtshof bei der Prozeßfähigkeit[595], bei Gültigkeit einer Vollmacht[596], bei Verbindung von Verfahren[597], bei Eintreten für das Verschulden seines Vertreters[598] und bei der Bestellung eines Prozeßpflegers[599] auf Vorschriften der Verwaltungsgerichtsordnung und der Zivilprozeßordnung Bezug genommen. Einmal hat er ausdrücklich entschieden, daß — im Gegensatz zum Verfahren vor dem Bundesverfassungsgericht — bei der Erledigung des Rechtsstreites in der Hauptsache nach billigem Ermessen über die Kosten entschieden wird, weil über die Verweisung in § 26 GeschO § 161 Abs. 2 VwGO zur Anwendung kommt[600]. Andererseits könnten durch die Verweisung auf das Bundesverfassungsgericht Lücken im Regelungswerk geschlossen werden. An erster Stelle ist dabei die Vollstreckung von verfassungsgerichtlichen Entscheidungen zu nennen[601], die durch die Regelung in § 35 BVerfGG umfassende Klärung finden würde[602].

---

[592] Vgl. zum Arbeitsanfall Heyde, Landesverfassungsgerichtsbarkeit Teilbd. 2, S. 1 (3 ff.).
[593] Siehe oben S. 86 f.
[594] Siehe oben S. 101 f.
[595] § 62 VwGO; VerfGH 36, 1 (4).
[596] § 173 VwGO, § 246 ZPO; VerfGH 34, 1 (7).
[597] § 93 VwGO; VerfGH 29, 62 (84).
[598] § 232 Abs. 2 ZPO; VerfGH 28, 8 (11).
[599] § 241 Abs. 1, § 57 Abs. 1 ZPO, § 62 Abs. 3, § 173 VwGO; VerfGH 27, 14 (21).
[600] VerfGH 35, 26 (28); vgl. auch VerfGH 15, 41 (43).
[601] So schon Knöpfle, S. 91.
[602] Vgl. oben S. 102 f.

F. Schlußfolgerung

Eine Verweisung von Landesrecht auf Bundesrecht ist in der Geschäftsordnung des Bayerischen Verfassungsgerichtshofs möglich. Dabei überwiegen die Vorzüge einer Verweisung gerade auf dem Gebiet des Verfahrensrechts gegenüber den aufgezeigten Bedenken.

Der Verfassungsgerichtshof hat sich mit seiner Rechtsprechung zum Erlaß einstweiliger Anordnungen immer weiter von den ursprünglichen Verweisungsobjekten, der Verwaltungsgerichtsordnung und der Zivilprozeßordnung, entfernt und der Regelung des § 32 BVerfGG und der Rechtsprechung des Bundesverfassungsgerichts angenähert. Die Annäherung geht jedoch nicht soweit, als daß die Lösung in einer Verweisung auf das Bundesverfassungsgerichtsgesetz zu finden wäre. Vielmehr ergäben sich bei einer Vielzahl von Fragen Abweichungen vom bisherigen Verfahren, und das nicht nur beim Erlaß einstweiliger Anordnungen. Diese Abweichungen sind im Vergleich zum bisher geltenden Verfahren, daß sich in der Praxis bewährt hat, entbehrlich. Deshalb ist eine Änderung der Geschäftsordnung des Bayerischen Verfassungsgerichtshofs mit dem Ziel, in § 26 eine Verweisung auf das Bundesverfassungsgerichtsgesetz, vorzunehmen, und sei es auch nur dessen zweiter Teil[603], abzulehnen.

---

[603] Siehe oben S. 117.

§ 9 Ausdrückliche Regelung

Da sich einerseits die Rechtsprechung des Bayerischen Verfassungsgerichtshofs beim Erlaß von einstweiligen Anordnungen von den Grundlagen des § 123 VwGO gelöst hat, andererseits eine Verweisung auf das Bundesverfassungsgerichtsgesetz zu unerwünschten Änderungen im Verfahren führen würde, bietet sich eine ausdrückliche Regelung des Verfahrens beim Erlaß einstweiliger Anordnungen an. Auch die Häufigkeit, mit der sich der Verfassungsgerichtshof bisher mit dem Erlaß von einstweiligen Anordnungen beschäftigt hat[604], spricht für eine ausdrückliche Regelung; im Zusammenhang mit dem Erlaß von einstweiligen Anordnungen wurde bisher öfter von der Verweisung in § 26 GeschO Gebrauch gemacht als in allen anderen Fällen zusammen, bei denen eine Regelungslücke entdeckt wurde.

Im Rahmen des einstweiligen Rechtsschutzverfahrens hat sich der Bayerische Verfassungsgerichtshof häufig mit politisch brisanten und in der Öffentlichkeit mit Interesse verfolgten Themen beschäftigt, so mit dem geplanten Zwischenlager für mittel- und schwachradioaktive Abfälle in Mitterteich[605], mit dem Untersuchungsausschuß Langemann[606], dem geplanten Flughafen München II im Erdinger Moos[607], dem geplanten Rangierbahnhof in München[608] und dem Medienerprobungs- und entwicklungsgesetz (MEG)[609]. Damit hat sich das Verfahren des einstweiligen Rechtsschutzes einen festen Platz in der Rechtsprechung des Bayerischen Verfassungsgerichtshofs erobert, dem eine ausdrückliche Regelung gut anstehen würde.

A. Inhalt der Regelung

Das Verfahren des einstweiligen Rechtsschutzes in der Prägung, die es durch die jahrzehntelange Rechtsprechung des Bayerischen Verfassungsgerichtshofs

---

[604] Bisher 55mal, vgl. unten S. 125.
[605] VerfGH 36, 192.
[606] VerfGH 35, 192.
[607] VerfGH 38, 38.
[608] VerfGH 40, 65.
[609] Gesetz über die Erprobung und Entwicklung neuer Rundfunkangebote und anderer Mediendienste in Bayern vom 22. November 1984, GVBl. S. 445; ber. S. 546. VerfGHE vom 8. November 1985, Vf. 93-VI-85, siehe unten S. 140; E. vom 8. November 1985, Vf. 98-VI-85, siehe unten S. 139; E. vom 23. Januar 1987, Vf. 7-VI-87, siehe unten S. 128; E. vom 2. Februar 1987, Vf. 11-VI-87, siehe unten S. 128; VerfGH 40, 25.

erhalten hat, hat sich in der Praxis bewährt. Eine Festschreibung der vom Verfassungsgerichtshof entwickelten Kriterien würde dem Bedürfnis einer positivrechtlichen Regelung Rechnung tragen.

B. Stellung der Regelung

Eine solche Regelung muß ihren Platz im Verfassungsgerichtshofgesetz finden. Zwar enthält auch die Geschäftsordnung des Verfassungsgerichtshofs Verfahrensvorschriften[610], aber durch eine Festschreibung im Verfassungsgerichtshofgesetz würde einerseits dem Gesetzesvorbehalt in Art. 69 BV Rechnung getragen werden und andererseits Platz geschaffen für den eigentlichen Regelungsinhalt einer Geschäftsordnung, nämlich die Normierung des Geschäftsgangs außerhalb der eigentlichen Prozeßtätigkeit[611].

Innerhalb des Verfassungsgerichtshofgesetzes ist die neue Regelung bei den allgemeinen Verfahrensvorschriften der Art. 12 bis 23 anzusiedeln. Es bietet sich an, sie nach der Festlegung der Verbindlichkeit von Entscheidungen des Verfassungsgerichtshofs in Art. 20 VfGHG als Art. 20a VfGHG einzufügen.

C. Formulierungsvorschlag

Als Art. 20a VfGHG wäre folgende Regelung über den Erlaß einstweiliger Anordnungen im bayerischen Verfassungsprozeß denkbar.

(1) Der Verfassungsgerichtshof kann im Streitfall auf Antrag einen Zustand durch einstweilige Anordnung vorläufig regeln, wenn dies zur Abwehr schwerer Nachteile oder zur Abwendung drohender unbilliger Härten zum gemeinen Wohl dringend geboten ist.

(2) Die Entscheidung kann ohne mündliche Verhandlung erfolgen.

(3) In dringenden Fällen kann der Präsident über Anträge auf Erlaß einer einstweiligen Anordnung allein entscheiden. Gegen die Entscheidung des Präsidenten kann innerhalb von zwei Wochen nach Bekanntgabe der Entscheidung der Verfassungsgerichtshof angerufen werden.

---

[610] Siehe oben S. 109 f.
[611] Vgl. Lechner, Anm. A vor § 17; Zembsch, S. 44.

(4) Ist die Hauptsache nicht anhängig, so hat der Verfassungsgerichtshof auf Antrag ohne mündliche Verhandlung anzuordnen, daß derjenige, der die einstweilige Anordnung erwirkt hat, binnen einer zu bestimmenden Frist die Hauptsache zu erheben habe. Wird dieser Anordnung nicht Folge geleistet, so ist auf Antrag die Aufhebung der einstweiligen Anordnung auszusprechen.

D. Anklageverfahren

Die einstweilige Anordnung, die im Rahmen von Anklagen gegen Mitglieder des Senats möglich ist[612], unterscheidet sich von den bisher behandelten Maßnahmen des einstweiligen Rechtsschutzes: Es ergeht keine offene Entscheidung, sondern es wird auf das wahrscheinliche Ergebnis im Hauptsacheverfahren abgestellt[613].

Hier wäre eine Angleichung an das Verfahren bei Anklagen gegen Mitglieder des Landtags wünschenswert; denn mit der Verweisung in Art. 23 S. 3 SenG auf Art. 61 Abs. 3 und 4 BV wird bereits auf dieses Verfahren Bezug genommen. Statt einer einstweiligen Anordnung sollte auch bei der Anklage gegen Mitglieder des Senats das Ruhen der Mitgliedschaft angeordnet werden können[614]. Dies könnte durch eine ausdrückliche Festschreibung im Senatsgesetz geschehen, wobei insbesondere die Frage der Ersatzmänner im Falle des Ruhens der Mitgliedschaft geregelt werden müßte.

---

[612] Siehe oben S. 45.
[613] Siehe oben S. 73 f.
[614] Vgl. zum Ruhen der Mitgliedschaft bei Anklagen gegen Mitglieder des Landtags oben S. 45.

Vierter Teil
Die Entscheidungen des Bayerischen Verfassungsgerichtshofs in Verfahren des einstweiligen Rechtsschutzes

Im folgenden Teil soll eine Übersicht über die vom Bayerischen Verfassungsgerichtshof erlassenen und abgelehnten Entscheidungen in Verfahren des einstweiligen Rechtsschutzes gegeben werden.

§ 10 Überblick

A. Veröffentlichung

Nach § 8 Abs. 6 S. 1 der Geschäftsordnung des Gerichtshofs werden nicht alle, sondern nur wichtige Entscheidungen in der Amtlichen Sammlung von Entscheidungen des Bayerischen Verfassungsgerichtshofs veröffentlicht; die Entscheidung darüber trifft der erkennende Senat, § 8 Abs. 6 S. 2 GeschO. Von bisher 54 in diesem Verfahren ergangenen Entscheidungen sind 28 Entscheidungen in der Amtlichen Sammlung veröffentlicht.

Die veröffentlichten Entscheidungen sind in der Übersicht mit Fundstelle in der Amtlichen Sammlung und, soweit dort publiziert, in den Bayerischen Verwaltungsblättern angegeben.

Von den nicht veröffentlichten Entscheidungen, deren Akten sich beim Verfassungsgerichtshof oder beim Bayerischen Hauptstaatsarchiv befinden, sind die tragenden Gründe, die zum Erlaß oder zur Ablehnung der beantragten einstweiligen Anordnung führten, im Originalwortlaut zitiert.

B. Statistik

In 55 Entscheidungen, die sich ausschließlich mit dem beantragten Erlaß von einstweiligen Anordnungen beschäftigten, wurden in 7 Fällen die beantragten einstweiligen Anordnungen erlassen, einmal zwei bereits erlassene und inzwischen verbundene Anordnungen bestätigt und in den restlichen 47 Fällen der Erlaß abgelehnt. Von 31 im Rahmen einer Verfassungsbeschwerde beantragten einstweiligen Anordnungen wurden 4 erlassen und eine bestätigt. Im Popularklageverfahren wurden bei 20 Anträgen 2 einstweilige Anordnungen erlassen. Bei Verfassungsstreitigkeiten wurde in allen 3 an den Verfassungsgerichtshof herangetragenen Fällen der Erlaß von einstweiligen Anordnungen abgelehnt. Im Wahlprüfungsverfahren wurde in dem einzigen Fall, in dem sich das Gericht damit beschäftigen mußte, eine einstweilige Anordnung erlassen.

	Erlassen	Abgelehnt	Bestätigt	Gesamt
Verfassungsbeschwerde, Art. 120 BV	4	26	1	31
Popularklage, Art. 98 S. 4 BV	2	18	-	20
Verfassungsstreitigkeit, Art. 64 BV	-	3	-	3
Wahlprüfung, Art. 63, 33 S. 2 BV	1	-	-	1
Gesamt	7	47	1	55

C. Registerzeichen

Bei den Registerzeichen folgt der Bayerische Verfassungsgerichtshof der Aufzählung seiner Zuständigkeiten in Art. 2 VfGHG.

I   Anklagen gegen ein Mitglied der Staatsregierung, des Landtags oder des Senats, Art. 61 Abs. 1 BV, Art. 2 Nr. 1 VfGHG

II Ausschluß von Wählergruppen von Wahlen und Abstimmungen, Art. 62 BV, Art. 2 Nr. 2 VfGHG

III Gültigkeit der Wahl der Mitglieder des Landtags und der Verlust der Mitgliedschaft zum Landtag, Art. 63 BV, Art. 2 Nr. 3 VfGHG

IV Verfassungsstreitigkeiten zwischen den obersten Staatsorganen oder in der Verfassung mit eigenen Rechten ausgestatteten Teilen eines obersten Staatsorgans, Art. 64 BV, Art. 2 Nr. 4 VfGHG

V   Verfassungsmäßigkeit von Gesetzen, Art. 65 BV, Art. 2 Nr. 5 VfGHG

VI Beschwerde wegen Verletzung der verfassungsmäßigen Rechte durch eine Behörde, Art. 66 BV, Art. 2 Nr. 6 VfGHG

VII Verfassungswidrigkeit von Gesetzen und Verordnungen wegen unzulässiger Einschränkung eines Grundrechts, Art. 98 S. 4 BV, Art. 2 Nr. 7 VfGHG.

VIII Meinungsverschiedenheiten darüber, ob durch ein Gesetz die Verfassung geändert wird oder ob ein Antrag auf unzulässige Verfassungsänderung vorliegt, Art. 75 BV, Art. 2 Nr. 8 VfGHG

IX Besondere durch Gesetz zugewiesene Fälle, Art. 67 BV, Art. 2 Nr. 9 VfGHG

§ 11 Vom Verfassungsgerichtshof erlassene einstweilige Anordnungen

1. Entscheidung vom 22. September 1947
   Vf. 23-IIIa-47;
   VerfGH 1, 1 ff.

2. Entscheidung vom 8. August 1973,
   Vf. 8-VII-73;
   VerfGH BayVBl. 1973, 537 f.

3. Entscheidung vom 16. November 1973,
   Vf. 51-VI-73;
   VerfGH 26, 141 ff. = BayVBl. 1974, 219 f.

4. Entscheidung vom 12. September 1977[615],
   Vf. 8-VII-77, S. 11 f., unveröffentlicht:
   "Erginge die einstweilige Anordnung nicht und käme der Verfassungsgerichtshof später im Hauptsacheverfahren zu dem Ergebnis, daß die gesetzliche Regelung über die Änderung der Altersgrenze für Lehrer oder das Fehlen einer Übergangsregelung für die im Schuljahr 1977/78 betroffenen Lehrer" ... "mit der bayerischen Verfassung nicht vereinbar wäre, so entstünden nicht nur für die Betroffenen, sondern auch für die Allgemeinheit erhebliche Nachteile." ... "Demgegenüber sind die Nachteile, die entstehen, wenn die einstweilige Anordnung erlassen wird, geringer."

5. Entscheidung vom 6. November 1981[616],
   Vf. 123-VI-81, S. 10, unveröffentlicht:
   "Die Kinder im Alter von jetzt 4 und 2 1/2 Jahren befinden sich seit mehr als 16 Monaten bei" ... "ihren Großeltern mütterlicherseits, nachdem sie sich vorher 9 Monate lang bei" ... "ihrer Großmutter väterlicherseits" ... "aufgehalten hatten. Ein Herauslösen aus der ihnen ver-

---

[615] Siehe oben S. 52 Fn. 231, S. 71 Fn. 336, S. 80 Fn. 371, S. 87 Fn. 405, S. 97 Fn. 463, 467, S. 98 Fn. 471, 472, 476, S. 101 Fn. 486.
[616] Siehe oben S. 70 Fn. 329, S. 72 Fn. 338, S. 73 Fn. 344, S. 80 Fn. 372, S. 87 Fn. 406, S. 92 Fn. 433, S. 96 Fn. 459.

trauten jetzigen Umgebung könnte ihr Wohl erheblich beeinträchtigen" ... "Würden sie jetzt" ... "zurückgeführt und hätten die Verfassungsbeschwerden später Erfolg, wäre ein weiterer Wechsel der Bezugspersonen und der Umgebung erforderlich. Gewiß wird eine Rückführung im Falle der Erfolglosigkeit durch einen weiteren Zeitablauf ebenfalls erschwert. Der Nachteil eines etwaigen zweimaligen Wechsels wöge aber stärker als die Aufrechterhaltung des derzeitigen Zustands bis zur Hauptsacheentscheidung."

6. Entscheidung vom 23. Januar 1987[617],
Vf. 7-VI-87, S. 7, unveröffentlicht:
"Die Abwägung zwischen einer möglichen Verletzung des Grundrechts der Rundfunkfreiheit auf der einen Seite und einer möglichen Beeinträchtigung eines Anbieters im wirtschaftlichen Bereich auf der anderen Seite führt hier zu dem Ergebnis, daß die Wahrung der Rundfunkfreiheit höher zu gewichten ist."

7. Entscheidung vom 2. Februar 1987[618],
Vf. 7-VI-87, 11-VI-87, unveröffentlicht.
Die Begründung dieser Entscheidung entspricht der Begründung der Entscheidung vom 23. Januar 1987, Vf. 7-VI-87.

8. Entscheidung vom 20. Februar 1987,
Vf. 7-VI-87, 22-VI-87;
VerfGH 40, 25 f.

---

[617] Siehe oben S. 69 Fn. 326, S. 72 Fn. 338, 340, S. 80 Fn. 370, S. 86 Fn. 402, S. 90 Fn. 420, 421, S. 96 Fn. 460, S. 121 Fn. 609.
[618] Siehe oben S. 69 Fn. 326, S. 72 Fn. 338, 340, S. 90 Fn. 421, 422, S. 96 Fn. 460, S. 121 Fn. 609.

§ 12 Vom Verfassungsgerichtshof abgelehnte einstweilige Anordnungen

1. Entscheidung vom 9. März 1951,
   Vf. 28-VI-51;
   VerfGH 4, 21 ff.

2. Beschluß vom 20. April 1955,
   Vf. 111-VII-54;
   VerfGH 8, 33 f. = BayVBl. 1955, 148.

3. Entscheidung vom 8. August 1957,
   Vf. 50-VII-57;
   VerfGH 10, 54 ff.

4. Beschluß vom 4. März 1958[619],
   Vf. 19-VI-58, S. 3 f., unveröffentlicht:
   "Es ist in der Rechtsprechung allgemein anerkannt, dass den Verfassungsgerichten nicht die Aufgabe zukommt, gerichtliche Entscheidungen nach Art eines Rechtsmittelgerichts auf ihre Richtigkeit zu überprüfen; insbesondere haben sie regelmäßig nicht zu beurteilen, ob die tatsächlichen Feststellungen, von denen die Entscheidungen ausgegangen sind, zutreffen" ... "Eine Ausnahme gilt nur dann, wenn die Feststellungen und die daraus gezogenen Schlüsse auf sachfremden Erwägungen beruhen, also willkürlich sind" ... "Davon kann aber bei den vom Beschwerdeführer angegriffenen Entscheidungen keine Rede sein. Der Versuch des Beschwerdeführers, einzelne tatsächliche Feststellungen der Gerichte zu widerlegen oder abzuschwächen, kann im Verfassungsrechtsstreit keinen Erfolg haben." ... "Zusammenfassend ist also festzustellen, dass nach dem gegenwärtigen Stand des Verfahrens nicht zu erwarten ist, dass die Verfassungsbeschwerde durchgreifen kann. Es ist deshalb auch der Antrag auf Erlass einer einstweiligen Anordnung, die ein Hinausschieben der Vollstreckung lediglich im Hinblick auf den vom Beschwerdeführer angestrebten Erfolg der Verfassungsbeschwerde bezweckt, als unbegründet abzuweisen."

---

[619] Siehe oben S. 106 Fn. 513.

5. Beschluß vom 4. Mai 1960[620],
Vf. 16-VI-60, S. 6 f., unveröffentlicht:
"Ob hiernach für eine einstweilige Maßnahme überhaupt noch Raum ist, kann auf sich beruhen; denn der Antrag auf Erlass einer einstweiligen Anordnung ist jedenfalls deshalb abzuweisen, weil die Verfassungsbeschwerde, auch soweit sie zulässig ist, nach den gegenwärtigen Einblicksmöglichkeiten keine Aussicht auf Erfolg bietet." ... "Demgegenüber entfällt die Prüfung, ob Normen der Bayer. Verfassung — etwa Art. 109 Abs. 1 BV — ausser acht gelassen wurden, schon deswegen, weil das Bundesrecht wegen seines höheren Ranges von der Bayer. Verfassung nicht beeinflusst sein kann" ... "der Bayer. Verfassungsgerichtshof kann insoweit nur darüber befinden, ob sich etwa das Gericht, dessen Entscheidung angefochten ist, von objektiv sachwidrigen Erwägungen leiten liess und dadurch ausserhalb jeder Rechtsordnung stellte, also seiner Entscheidung in Wahrheit gar kein Bundesrecht zugrundelegte" ... "Davon kann im vorliegenden Fall nach dem derzeitigen Stand keine Rede sein."

6. Beschluß vom 10. April 1962[621],
Vf. 17-VI-62, S. 3 f., unveröffentlicht:
"Der Antrag des Beschwerdeführers ist aber nicht begründet. Es kann dahingestellt bleiben, ob die Verfassungsbeschwerde gegen die Urteile der Dienststrafkammer" ... "vom 6.8.1956 und des Bayer. Dienststrafhofs vom 17.12.1958 Erfolg haben wird oder nicht. Im letzteren Fall erweist sich, dass die Vollstrekung der rechtskräftig verhängten Dienststrafe weiterhin im öffentlichen Interesse liegt. Sollte der Verfassungsbeschwerde stattgegeben werden, so würden die Kürzungsbeträge (vgl. Art. 103 Abs. 5 DStO; § 26 Abs. 5 ADV) dem Beschwerdeführer nachbezahlt werden. Ein bleibender Nachteil ist daher ausgeschlossen. Dass ein Zehntel der Dienstbezüge bis zu einer etwaigen dem Beschwerdeführer günstigen Sachentscheidung des Verfassungsgerichtshofs wie bisher einzubehalten ist, bedeutet unter gegebenen Umständen für ihn keinen so schwerwiegenden Nachteil, dass es gerechtfertigt wäre, die Vollstreckung der Dienststrafe einstweilen einzustellen."

7. Beschluß vom 31. Oktober 1962[622],
Vf. 88-VI-62, S. 5 f., unveröffentlicht:
"Der Verfassungsgerichtshof ist nicht befugt, Entscheidungen, die in einem bundesrechtlich geregelten Verfahren erlassen worden sind, zu

---

[620] Siehe oben S. 50 Fn. 213, S. 91 Fn. 426, S. 106 Fn. 513.
[621] Siehe oben S. 72 Fn. 341.
[622] Siehe oben S. 95 Fn. 451.

ändern oder aufzuheben" ... "Der Verfassungsgerichtshof wäre demnach nicht in der Lage, das Urteil des Verwaltungsgerichtshofs vom 5.4.1960 auf eine Verfassungsbeschwerde hin abzuändern. Es läge aber auch ausserhalb seiner Kompetenz, der verwaltungsgerichtlichen Entscheidung mittelbar dadurch ihren Inhalt zu nehmen, dass er den Verwaltungsakt, der den Gegenstand der abgewiesenen verwaltungsgerichtlichen Anfechtungsklage gebildet hat, als verfassungswidrig aufhöbe. Er hätte sich vielmehr nach seiner ständigen Rechtsprechung auf die Feststellung der Verfassungswidrigkeit zu beschränken." ... "Mehr aber als ihm ein Erfolg seiner Verfassungsbeschwerde geben könnte, kann dem Beschwerdeführer auch durch eine einstweilige Anordnung nicht zugesprochen werden".

8. Entscheidung vom 5. November 1962,
   Vf. 77-VII-62;
   VerfGH 15, 80 ff. = BayVBl. 1963, 83.

9. Beschluß vom 14. Februar 1963,
   Vf. 7-VI-63, S. 7 f., unveröffentlicht:
   "Selbst wenn demnach die Zulässigkeit der Verfassungsbeschwerde zu bejahen ist, so ist doch der Antrag, durch eine einstweilige Anordnung die Vollstreckung einzustellen, auf jeden Fall unstatthaft. Denn diese Anordnung würde die Wirksamkeit eines rechtskräftigen Strafurteils unmittelbar beeinträchtigen. Ein solcher Eingriff lässt sich aber im Verfassungsbeschwerdeverfahren, wie dargelegt, nicht erreichen. Vielmehr könnte nur die Verfassungswidrigkeit der angefochtenen Entscheidung festgestellt werden. An dieser Begrenzung seiner Kompetenz hält der Verfassungsgerichtshof in ständiger Rechtsprechung fest" ... "Mehr aber als ihm ein Erfolg seiner Verfassungsbeschwerde zu geben vermöchte, kann ihm auch durch eine einstweilige Anordnung nicht zugesprochen werden".

10. Beschluß vom 8. März 1963,
    Vf. 13-VI-62, S. 4 f., unveröffentlicht:
    "Der Beschwerdeführer kann allerdings mit der Verfassungsbeschwerde nicht eine Entscheidung des Verfassungsgerichtshofs herbeiführen, dass er nicht an die Türkei auszuliefern sei. Denn die angefochtenen Beschlüsse des Oberlandesgerichts beruhen auf bundesrechtlichen Verfahrensnormen (§§ 25 ff. DAG). Solche gerichtlichen Entscheidungen aufzuheben oder für nichtig zu erklären, liegt ausserhalb der Kompetenz des Verfassungsgerichtshofs" ... "Hinzu kommt, dass die Bewilligung der Auslieferung ein Hoheitsakt der Bundesregierung war (s. §§ 1, 7, 44 DAG) und daher der Kontrolle durch den Verfassungsgerichts-

hof entzogen ist. Soweit aber der Antrag des Beschwerdeführers auf die blosse Feststellung der Verfassungswidrigkeit der angegriffenen Beschlüsse gerichtet ist, ist er zulässig." "Wenn demnach auch die Zulässigkeit der Verfassungsbeschwerde zu bejahen ist, so ist doch der Antrag, durch eine einstweilige Anordnung den Vollzug der Auslieferung auszusetzen, auf jeden Fall unstatthaft. Denn diese Anordnung würde die Wirksamkeit der im Auslieferungsverfahren erlassenen gerichtlichen Beschlüsse und der Auslieferungsbewilligung der Bundesregierung unmittelbar beeinträchtigen. Ein solcher Eingriff lässt sich aber im Verfassungsbeschwerdeverfahren, wie dargelegt, nicht erreichen. Vielmehr könnte nur die Verfassungswidrigkeit der angefochtenen Entscheidungen festgestellt werden." ... "Mehr aber als ihm ein Erfolg seiner Verfassungsbeschwerde zu geben vermöchte, kann ihm auch durch eine einstweilige Anordnung nicht zugesprochen werden".

11. Entscheidung vom 11. April 1963,
    Vf. 24-VII-63;
    VerfGH 16, 53 ff. = BayVBl. 1963, 316 f.

12. Beschluß vom 14. Juni 1966[623],
    Vf. 59-VI-66, S. 6 f., unveröffentlicht:
    "Die Aussicht, dass der Verfassungsbeschwerde ein sachlicher Erfolg zuteil wird, ist nach der Überzeugung des Verfassungsgerichtshof so gering" ... "dass schon aus diesem Grunde die Erlassung einer einstweiligen Anordnung zu unterbleiben hat" ... "Auch wenn die Folgen gegeneinander abgewogen werden, die im Fall der Erlassung und die im Fall der Nichterlassung der einstweiligen Anordnung eintreten könnten" ... "ergibt sich, dass von deren Erlassung abzusehen ist. Dem Vollstreckungsgläubiger entstünden, wenn der Vollstreckungstermin abgesetzt würde, sehr erhebliche Kosten. Ob er hierfür, wenn die Verfassungsmäßigkeit des angefochtenen Beschlusses festgestellt würde, vom Beschwerdeführer Ersatz zu erlangen vermöchte, erscheint nach dessen eigenen Angaben über seine Vermögens- und Einkommensverhältnisse sehr fraglich. Andererseits könnte dieser vom Gläubiger Ersatz eines durch die Zwangsvollstreckung verursachten Schadens fordern und erhalten, wenn sich ergeben sollte, dass sie verfassungswidrig durchgeführt worden wäre."

---

[623] Siehe oben S. 73 Fn. 343.

§ 12 Abgelehnte einstweilige Anordnungen

13. Beschluß vom 28. April 1967[624],
Vf. 60-VI-67, S. 8, unveröffentlicht:
"Durch die vom Beschwerdeführer beantragte einstweilige Anordnung soll der Vollzug des Ausweisungsbescheids vom 24.6. 1966 ausgesetzt werden, bis über die Verfassungsbeschwerde entschieden worden ist. Dieser Antrag ist, selbst wenn die Verfassungsbeschwerde zulässig sein sollte, auf jeden Fall unstatthaft. Denn die Anordnung würde die Wirksamkeit des angegriffenen Bescheids unmittelbar beeinträchtigen. Ein solcher Eingriff lässt sich aber, wie dargelegt, in dem in den Art. 66, 120 BV und Art. 46 ff. VfGHG vorgesehenen Verfassungsbeschwerdeverfahren nicht erreichen. Vielmehr könnte nur die Verfassungswidrigkeit des angefochtenen Bescheids festgestellt werden. Mehr aber als dem Beschwerdeführer ein Erfolg seiner Verfassungsbeschwerde zu geben vermöchte, kann ihm auch durch eine einstweilige Anordnung nicht zugesprochen werden, und zwar auch nicht für einen begrenzten Zeitraum".

14. Beschluß vom 22. Juni 1967[625],
Vf. 92-VI-67, S. 5 f., unveröffentlicht:
"Gleichwohl ist der Antrag, im Wege einer einstweiligen Anordnung die Vollstreckung der durch rechtskräftiges Urteil des Landgerichts" ... " vom 10.12.1965 gegen den Beschwerdeführer ausgesprochenen Zuchthausstrafe bis zur Entscheidung über die Verfassungsbeschwerde einstweilen auszusetzen, unzulässig. Denn die einstweilige Anordnung würde nicht nur der Entscheidung in der Hauptsache vorgreifen" ... "sondern es könnte auch nicht einmal eine Hauptsacheentscheidung des Verfassungsgerichtshofs einen solchen Inhalt haben. Die beantragte — wenn auch nur einstweilige — Aussetzung der Strafvollstreckung würde die Wirksamkeit eines rechtskräftigen Strafurteils unmittelbar beeinträchtigen, das auf bundesrechtlichen Verfahrensvorschriften, nämlich auf der Strafprozeßordnung, beruht. Ein solcher Eingriff kann aber im landesrechtlichen Verfassungsbeschwerdeverfahren nicht herbeigeführt werden" ... "Dem Beschwerdeführer kann durch eine einstweilige Anordnung nicht mehr zugesprochen werden, als er durch eine erfolgreiche Verfassungsbeschwerde erreichen könnte, und zwar auch nicht für einen begrenzten Zeitraum".

---

[624] Siehe oben S. 95 Fn. 451.
[625] Siehe oben S. 50 Fn. 215, S. 91 Fn. 426, S. 95 Fn. 451.

15. Beschluß vom 5. Oktober 1967[626],
Vf. 132-VI-67, S. 9, unveröffentlicht:
"Der Antrag ist jedenfalls abzuweisen, weil die Nachteile, die dem Beschwerdeführer durch die Fortsetzung des staatsanwaltschaftlichen Ermittlungsverfahrens in der Zeitspanne bis zur Entscheidung des Verfassungsgerichtshofs in der Hauptsache entstehen könnten, nicht so erheblich sind, dass sie die Erlassung der einstweiligen Anordnung zu rechtfertigen vermögen."

16. Beschluß vom 1. April 1969[627],
Vf. 22-VI-69, S. 5, unveröffentlicht:
"Dennoch kann dem Antrag auf Erlassung der einstweiligen Anordnung schon deshalb kein Erfolg zuteil werden, weil der Antragsteller nicht behauptet, geschweige denn glaubhaft gemacht hat, dass die einstweilige Anordnung nötig sei, um ihm drohende unbillige Härten oder wesentliche Nachteile abzuwenden".

17. Beschluß vom 30. Mai 1969,
Vf. 88-VI-68, S. 5 f., unveröffentlicht:
"Die Verfassungsbeschwerde ist ein letzter, außerordentlicher Rechtsbehelf, der wegen seines subsidiären Charakters voraussetzt, daß alle sich bietenden prozessualen Möglichkeiten ausgeschöpft worden sind, um die als verfassungswidrig beanstandete Maßnahme zu beseitigen"
... "Der Verfassungsgerichtshof betrachtet nun zwar den Rechtsweg i.S. des Art. 47 Abs. 2 und Abs. 4 VfGHG in ständiger Rechtsprechung"
... "auch dann als erschöpft, wenn gegen die Nichtzulassung der Revision keine Beschwerde zum Bundesverwaltungsgericht eingelegt worden ist. Hat der Beschwerdeführer jedoch die Nichtzulassungsbeschwerde erhoben, so wird dadurch nicht nur der Beginn der Zweimonatsfrist des Art. 47 Abs. 2 Satz 2 VfGHG für die Einreichung der Verfassungsbeschwerde bis zur Entscheidung des Bundesverwaltungsgerichts hinausgeschoben. Der Beschwerdeführer wahrt darüber hinaus die Möglichkeit, noch im Verfahren des Bundesverwaltungsgerichts über die Nichtzulassungsbeschwerde gemäss § 80 Abs. 5 VwGO die Wiederherstellung der aufschiebenden Wirkung der Anfechtungsklage gegen den ihn beschwerenden Verwaltungsakt zu beantragen" ... "Solange eine Zuständigkeit des Bundesverwaltungsgerichts zur Entscheidung über die

---

[626] Siehe oben S. 72 Fn. 339.
[627] Siehe oben S. 50 Fn. 212, S. 67 Fn. 312, S. 72 Fn. 338, S. 91 Fn. 426.

§ 12 Abgelehnte einstweilige Anordnungen

Wiederherstellung der aufschiebenden Wirkung gegeben ist, ist eine einstweilige Anordnung des Verfassungsgerichtshofs, mit der dasselbe Ziel erstrebt wird, nicht geboten".

18. Beschluß vom 31. Juli 1969[628],
Vf. 77-VI-69, S. 6 f., unveröffentlicht:
"Gleichwohl kann dem Antrag auf Erlassung der einstweiligen Anordnung nicht stattgegeben werden. Denn die Verfassungsbeschwerde verspricht keinen sachlichen Erfolg" ... "Der Beschwerdeführer beruft sich zunächst auf das Recht auf den gesetzlichen Richter (Art. 86 Abs. 1 S. 2 BV). Er meint, dieses Recht sei verletzt, weil das Bayer. Oberste Landesgericht von der Aufhebung der landgerichtlichen Entscheidung und der Zurückweisung der Sache abgesehen habe, obwohl das Landgericht 'eine Gesamtwertung hinsichtlich der rechtlichen Qualifikation' hätte vornehmen, also auch den Vorwurf eines Vergehens der fahrlässigen Strassenverkehrsgefährdung durch Trunkenheit hätte prüfen müssen. Gegen den Art. 86 Abs. 1 Satz 2 BV kann zwar auch ein Gericht verstossen, indem es seine Zuständigkeit zu Unrecht bejaht oder verneint und dadurch eine Verschiebung der gesetzlichen Zuständigkeit im Einzelfall zum Nachteil einer Partei bewirkt; das Recht auf den gesetzlichen Richter ist aber nur dann verletzt, wenn diese Entscheidung des Gerichts willkürlich ist" ... "Beruht die — eine Verschiebung der Zuständigkeit bewirkende — Entscheidung auf einem Verfahrensirrtum, so scheidet ein Verstoss gegen das Recht auf den gesetzlichen Richter aus".

19. Beschluß vom 25. September 1969[629],
Vf. 72-VI-69, S. 9 f., unveröffentlicht:
"Gleichwohl kann den Anträgen auf Erlassung der einstweiligen Anordnung nicht stattgegeben werden. Denn die Verfassungsbeschwerden versprechen keinen sachlichen Erfolg" ... "Die Beschwerdeführer berufen sich zunächst auf das Recht auf Gehör. Nach dem Art. 91 Abs. 1 BV hat vor Gericht jedermann Anspruch auf rechtliches Gehör." ... "Es sind keine besonderen Umstände ersichtlich, aus denen sich ergäbe, dass diese Darlegungen nicht auch zur Kenntnis genommen und in Erwägung gezogen worden sind" ... "Desgleichen fehlt es an Anhaltspunkten für eine Verletzung der Art. 103 Abs. 1, 159 BV."

---

[628] Siehe oben S. 50 Fn. 215, S. 68 Fn. 324, S. 91 Fn. 426.
[629] Siehe oben S. 50 Fn. 212, S. 68 Fn. 323, S. 91 Fn. 426.

20. Entscheidung vom 1. Oktober 1969,
    Vf. 50-VII-69;
    VerfGH 22, 127 ff.

21. Entscheidung vom 4. Oktober 1969,
    Vf. 106-VI-69;
    VerfGH 22, 129 f. = BayVBl. 1969, 431 f.

22. Beschluß vom 21. November 1969[630],
    Vf. 96-VI-69, S. 5 f.:
    "Gleichwohl kann dem Antrag auf Erlassung der einstweiligen Anordnung nicht stattgegeben werden. Der Beschwerdeführer hat in der Begründung seines Antrags auf Erlassung einer einstweiligen Anordnung nicht behauptet, geschweige denn glaubhaft gemacht, dass die einstweilige Anordnung nötig sei, um ihm drohende unbillige Härten oder wesentliche Nachteile abzuwenden" ... "Aber selbst wenn dies seinen Ausführungen zur Begründung der Verfassungsbeschwerde zu entnehmen wäre, könnte dem Antrag auf Erlassung der einstweiligen Anordnung kein Erfolg zuteil werden. Auf die Vollstreckung des Kostenfestsetzungsbeschlusses sind die Vorschriften der Zivilprozeßordnung entsprechend anzuwenden (§ 464 b Satz 2 StPO). Der Kostenfestsetzungsbeschluß ist demnach ein Vollstrekkungstitel im Sinne des § 794 Abs. 1 ZPO. Für die Zwangsvollstreckung aus ihm gilt der § 795 ZPO, der seinerseits auf die §§ 724 bis 793 ZPO verweist" ... "Nach dem Grundsatz der Subsidiarität der Verfassungsbeschwerde, der auch im Verfahren über Anträge auf Erlassung einstweiliger Anordnungen gewahrt werden muss" ... "hätte der Beschwerdeführer zunächst versuchen müssen, auf einem ihm durch die Zivilprozeßordnung eingeräumten Weg einstweiligen Schutz gegen die ihm nach seiner Angabe drohende Zwangsvollstreckung zu erhalten."

23. Entscheidung vom 2. März 1970,
    Vf. 132-VI-69;
    VerfGH 23, 22 f.

24. Entscheidung vom 22. Juni 1972,
    Vf. 9-VII-72;
    VerfGH 25, 83 ff. = BayVBl. 1972, 662 ff.

---

[630] Siehe oben S. 50 Fn. 212, S. 67 Fn. 319, 321, S. 72 Fn. 338, S. 91 Fn. 426.

25. Entscheidung vom 29. Juni 1972,
    Vf. 14-VI-72;
    VerfGH 25, 92 ff.

26. Entscheidung vom 14. August 1973,
    Vf. 10-VII-73, 11-VII-73;
    VerfGH 26, 101 ff. = BayVBl. 1973, 526 ff.

27. Entscheidung vom 27. Februar 1976,
    Vf. 76-VI-75;
    VerfGH 29, 24 ff.

28. Entscheidung vom 28. Februar 1978,
    Vf. 6-VII-78;
    VerfGH 31, 33 ff. = BayVBl. 1978, 269 ff.

29. Entscheidung vom 4. September 1978[631],
    Vf. 19-VII-78, 23-VII-78, 25-VII-78, S. 9, unveröffentlicht:
    "Bei der Abwägung der Vor- und Nachteile kann nicht nur die Situation der Antragsteller in Betracht gezogen werden. Die angefochtenen gebietlichen Maßnahmen erstrecken sich auf weitere Gemeinwesen. Diese würden durch die Aussetzung des Vollzugs in Mitleidenschaft gezogen. Das Vertrauen dieser Gemeinwesen in die Durchführung der Gemeindegebietsreform, auf die sie sich ebenfalls durch vielfache Maßnahmen eingestellt haben, erscheint gleichermaßen schutzwürdig" ... "Bei Berücksichtigung der gleichfalls im Spiele stehenden möglicherweise gegenläufigen Interessen der übrigen von der Gebietsreform betroffenen Gemeinwesen überwiegen die den Antragstellern drohenden, in ihren Wirkungen rückgängig zu machenden Nachteile nicht so erheblich, daß dem Antrag auf einstweiligen Rechtsschutz zur Abwendung wesentlicher, sonst nicht mehr behebbarer Nachteile für die Antragsteller oder für die Allgemeinheit stattgegeben werden könnte."

30. Entscheidung vom 25. September 1980,
    Vf. 9-VII-80, 17-VII-80;
    VerfGH 33, 111 ff. = BayVBl. 1980, 750 ff.

31. Entscheidung vom 3. Oktober 1980,
    Vf. 135-IV-80;
    VerfGH 33, 139.

---

[631] Siehe oben S. 53 Fn. 238, S. 87 Fn. 408.

32. Entscheidung vom 10. Dezember 1981,
    Vf. 7-VII-81;
    VerfGH 34, 196 ff.

33. Entscheidung vom 29. April 1982,
    Vf. 14-VII-81, S. 11 f., unveröffentlicht:
    "Die von der Antragstellerin vorgebrachten Gründe wiegen nicht so schwer, daß sie den Erlaß der begehrten einstweiligen Anordnung zur Abwehr schwerer Nachteile von der Allgemeinheit unabweisbar machen würden. Derartige Nachteile sind bei summarischer Prüfung nicht erkennbar." ... "Wie die Staatsregierung weiter dargelegt hat, ist auch kein Fall bekannt geworden, in dem einem Schüler der Übertritt in die Realschule oder in die Wirtschaftsschule nur wegen unzureichender Leistungen im Fach Englisch im Rahmen des Probeunterrichts versagt worden wäre." ... "Die Außervollzugsetzung der angefochtenen Vorschriften würde demnach dazu führen, daß bis zur Entscheidung der Hauptsache ein ergänzendes Kriterium für die Beurteilung der Eignung eines übertrittswilligen Schülers entfiele. Bei dieser Sachlage besteht kein Anlaß, mit einer einstweiligen Anordnung, die zur Vermeidung schwerer Nachteile für die Allgemeinheit offensichtlich nicht erforderlich ist, in das Verfahren zur Beurteilung der Leistungen von übertrittswilligen Schülern einzugreifen."

34. Entscheidung vom 19. Juli 1982,
    Vf. 84-IV-82;
    VerfGH 35, 82 ff. = BayVBl. 1982, 559 ff.

35. Entscheidung vom 12. August 1982,
    Vf. 104-IV-82;
    VerfGH 35, 105 ff. = BayVBl. 1983, 78 ff.

36. Entscheidung vom 16. September 1982[632],
    Vf. 6-VII-82, S. 9 f., unveröffentlicht:
    "Es kann nicht Aufgabe des Verfassungsgerichtshofs sein, im Wege einer einstweiligen Anordnung etwa selbst Bestimmungen darüber zu treffen, wer für die Wahl des Passionsspielkomitees 1984 wahlberechtigt sein soll. Durch eine derartige Entscheidung, die der Antragsteller in dieser Form übrigens selbst nicht begehrt, würde die Gestaltungs-

---

[632] Siehe oben S. 54 Fn. 246, S. 69 Fn. 326, S. 80 Fn. 371, S. 82 Fn. 384, S. 97 Fn. 468, 470.

§ 12 Abgelehnte einstweilige Anordnungen   139

freiheit des Gemeinderats" ... "zu stark eingeschränkt. Eine einstweilige Anordnung könnte deshalb allenfalls den Inhalt haben, daß bis zum Erlaß der Hauptsacheentscheidung des Verfassungsgerichtshofs kein Passionsspielkomitee gewählt werden darf. Damit wären die Vorbereitungen für das Passionsspiel 1984 für geraume Zeit unterbunden. Ein derartiger Zeitverlust könnte nicht ohne Auswirkungen auf die Durchführung dieses traditionsreichen und jeweils vor einem großen internationalen Besucherkreis dargebotenen Passionsspiels bleiben. Wird dagegen jetzt ein Passionsspielkomitee 1984 gewählt und nimmt es seine Vorbereitungsarbeiten auf, dann entstehen dadurch noch keine schweren und nicht wieder gutzumachenden Nachteile, auch wenn die Popularklage in der Hauptsache Erfolg hat und sodann auf Grund neugefaßter Bestimmungen die Wahl für das Passionsspielkomitee 1984 wiederholt werden müßte." ... "Da somit nicht gesagt werden kann, daß überwiegende Gründe den Erlaß der beantragten einstweiligen Anordnung unabweisbar machen, war der Antrag abzulehnen".

37. Entscheidung vom 29. November 1983,
    Vf. 19-VII-83;
    VerfGH 36, 192 ff.

38. Entscheidung vom 16. Dezember 1983,
    Vf. 56-VI-83;
    VerfGH 36, 211 ff. = BayVBl. 1984, 334 ff.

39. Entscheidung vom 29. März 1985,
    Vf. 18-VI-85;
    VerfGH 38, 38 ff. = BayVBl. 1985, 398.

40. Entscheidung vom 8. Juli 1985,
    Vf. 6-VII-85, 7-VII-85;
    VerfGH 38, 71 ff. = BayVBl. 1986, 491 f.

41. Entscheidung vom 8. November 1985[633],
    Vf. 98-VI-85, S. 17 f., unveröffentlicht:
    "Würde die beantragte einstweilige Anordnung durch den Verfassungsgerichtshof erlassen, könnten die Beschwerdeführerinnen ihre Programme bis zum Ablauf des Jahres 1985 senden. Der ihnen bis dahin verbleibende Sendezeitraum würde also weniger als zwei Monate betra-

---

[633] Siehe oben S. 72 Fn. 342, S. 82 Fn. 377, S. 121 Fn. 609.

gen. Stellte sich später heraus, daß die Verfassungsbeschwerde erfolglos und der Erlaß der einstweiligen Anordnung in der Sache unbegründet waren, so ergäbe sich, daß die seit dem 29.5.1985 sendenden Anbieter durch die einstweilige Anordnung in ihren Sendemöglichkeiten nicht unerheblich eingeschränkt worden wären. Ihre bisherigen Investitionen auf diesem Gebiet verlören für den Rest der Laufzeit des Projekts an Wert. Würde die beantragte einstweilige Anordnung dagegen nicht erlassen und hätten die Verfassungsbeschwerden später Erfolg, so blieben zwar die Beschwerdeführerinnen für wenige Wochen zu Unrecht von der Möglichkeit ausgeschlossen, auf der ihnen eingeräumten Frequenz in München zu senden. Die bereits sendenden Programmanbieter, die bisher mehr als fünf Monate lang allein senden konnten, erhielten für die verbleibenden knapp zwei Monate mehr Sendezeit als ihnen zustünde." ... "Wägt man die Positionen der bisher schon sendenden Anbieter und die der Beschwerdeführerinnen gegeneinander ab, so kann nicht gesagt werden, daß es geboten ist, den Beschwerdeführerinnen zu Lasten der schon sendenden Anbieter für die verbleibende Zeitspanne bis zum 31.12.1985 Sendezeiten einzuräumen. Die Interessen der Beschwerdeführerinnen daran, von den sendenden Anbietern Sendezeiten abgetreten zu erhalten, sind nicht höher zu bewerten als die Interessen der sendenden Anbieter, diese Sendezeiten unverkürzt zu behalten, zumal diese bereits sendendenen Anbieter finanzielle Vorleistungen erbracht haben."

42. Entscheidung vom 8. November 1985[634],
Vf. 93-VI-85, unveröffentlicht:
In diesem Verfahren ging es um denselben Sachverhalt wie im Verfahren 98-VI-85, nur daß hier die Bayerische Landeszentrale für neue Medien Antragstellerin war. Dazu führt der Verfassungsgerichtshof auf S. 22 aus:
"Auch die Abwägung der Rechte und Interessen der Beschwerdeführerin selbst führt zu keinem anderen Ergebnis. Für die Auswertung des Kabbelpilotprojekts bieten die Programme der bisher sendenden Anbieter schon im Hinblick auf ihre Zahl und auf die Dauer der Sendezeit eine wesentliche Grundlage. Es kann nicht erwartet werden, daß sich bei einer nur noch sehr kurzfristigen Zulassung von weiteren Programmanbietern die Erkenntnisse über das Kabelpilotprojekt in einer ins Gewicht fallenden Weise verbessern ließe."

---

[634] Siehe oben S. 70 Fn. 342, S. 82 Fn. 377, S. 121 Fn. 609.

43. Entscheidung vom 25. Mai 1987,
    Vf. 37-VI-87;
    VerfGH 40, 65 ff.

44. Entscheidung vom 30. Juli 1987,
    Vf. 7-VII-87;
    VerfGH BayVBl. 1987, 718 f.

45. Entscheidung vom 5. Juni 1989,
    Vf. 3-VII-89, 4-VII-89;
    VerfGH BayVBl. 1989, 496 ff.

46. Entscheidung vom 28. Juli 1989[635]
    Vf. 76-VI-89, S. 6, unveröffentlicht:
    "Dem Antrag, eine einstweilige Anordnung zu erlassen, kann nicht stattgegeben werden, wenn die Verfassungsbeschwerde von vornherein keinen Erfolg verspricht" ... "So ist es im vorliegenden Fall."

---

[635] Siehe oben S. 106 Fn. 513.

Fünfter Teil
Zusammenfassung

Erster Teil
Geschichte, Gesetzeslage und rechtsvergleichende Einführung

§ 1 Geschichte des bayerischen Verfassungsprozesses

- Das verfassungsgerichtliche Verfahren kann in Bayern bis zur Verfassung von 1818 zurückgeführt werden.

- Während der Weimarer Zeit beschäftigte sich der Bayerische Staatsgerichtshof erstmals mit der Möglichkeit des Erlasses einstweiliger Anordnungen in verfassungsgerichtlichen Verfahren, lehnte dies aber dann wegen fehlender gesetzlicher Grundlage ab.

- Der Staatsgerichtshof des Reiches bejahte indes die Zulässigkeit einstweiliger Anordnungen in verfassungsgerichtlichen Verfahren und erließ auch zwei Maßnahmen des vorläufigen Rechtsschutzes.

§ 2 Rechtsgrundlagen zum Erlaß einstweiliger Anordnungen im Verfassungsprozeßrecht der Bundesrepublik Deutschland

- Der Bayerische Verfassungsgerichtshof nimmt seine Befugnis zum Erlaß einstweiliger Anordnungen über die Verweisung in seiner Geschäftsordnung aus den Vorschriften der Verwaltungsgerichtsordnung und der Zivilprozeßordnung, die den einstweiligen Rechtsschutz betreffen.

- Das Verfahren beim Erlaß einstweiliger Anordnungen ist im Bundesverfassungsgerichtsgesetz und in den Verfassungsgerichtshof- bzw. Staatsgerichtshofgesetzen der Länder Baden-Württemberg, Hamburg, Hessen, Nordrhein-Westfalen, Rheinland-Pfalz und Saarland ausdrücklich und umfassend geregelt.

- Das Gesetz über den Staatsgerichtshof in Niedersachsen verweist auf das Bundesverfassungsgerichtshofgesetz, so daß im Verfahren des einstweiligen Rechtsschutzes die gleichen Regelungen wie im bundesrechtlichen Verfahren Anwendung finden. Der bremische Staatsgerichtshof wendet im Verfahren des einstweiligen Rechtsschutzes die Verwaltungsgerichtsordnung an; auf deren Vorgängervorschrift verweist seine Verfahrensordnung.

- Für Schleswig-Holstein entscheidet das Bundesverfassungsgericht in Auftragsgerichtsbarkeit; dies gilt auch beim Erlaß einstweiliger Anordnungen. In Berlin besteht in Ermangelung eigener Landesverfassungsgerichtsbarkeit kein eigenes Verfahren.

Zweiter Teil
Die einstweilige Anordnung in der bayerischen Verfassungsrechtsprechung

§ 3 Grundlagen des einstweiligen Rechtsschutzes

- Beim einstweiligen Rechtsschutz unterscheidet man materiell-akzessorische und offene Entscheidungen.
  Bei den materiell-akzessorischen Entscheidungen wird mit der Prüfung des Anordnungs- oder Verfügungsanspruchs auf das zugrundeliegende materielle Recht abgestellt.
  Bei den offenen Entscheidungen werden die möglichen Folgen bei Erlaß und Nichterlaß gegeneinander abgewogen.

- Bei der Entscheidung im Verfahren des einstweiligen Rechtsschutzes vor dem Bayerischen Verfassungsgerichtshof handelt es sich um eine offene Entscheidung.

§ 4 Die Zulässigkeit der einstweiligen Anordnung

- Der Bayerische Verfassungsgerichtshof unterscheidet wie im Verfahren der Hauptsache zwischen Zulässigkeit und Begründetheit der einstweiligen Anordnung.

- Grundsätzlich ist der Erlaß einstweiliger Anordnungen in jedem Verfahren möglich.

- Besonderheiten ergeben sich nur bei den Anklageverfahren, bei den Entscheidungen über einen Mandatsverlust und bei der Richtervorlage. Hier sind mit Ausnahme der Anklage und Mandatsprüfung bei Mitgliedern des Senats keine Maßnahmen des einstweiligen Rechtsschutzes möglich.

- Einstweilige Anordnungen können auch außerhalb anhängiger Hauptsacheverfahren erlassen werden.

- Es ist auf jeden Fall ein Antrag erforderlich; der Bayerische Verfassungsgerichtshof kann nicht von Amts wegen einstweilige Anordnungen erlassen.

§ 5 Die Begründetheit der einstweiligen Anordnung

- Im Verfahren des einstweiligen Rechtsschutzes darf die Hauptsache nicht vorweg genommen werden.

- Das zugrundeliegende materielle Recht dient nur als Randkorrektiv. Soweit aber das Verfahren in der Hauptsache offensichtlich unzulässig oder offensichtlich unbegründet ist, kann der Erlaß einstweiliger Anordnungen ohne weitere Prüfung ablehnen.

- Ist andererseits die angefochtene Maßnahme offensichtlich verfassungswidrig, so kann ohne weitere Prüfung eine einstweilige Anordnung erlassen werden.

- Beim Erlaß von einstweiligen Anordnungen muß ein strenger Maßstab angelegt werden. Es sind die Folgen abzuwägen, die einträten, wenn die einstweilige Anordnung nicht erginge, das Hauptsacheverfahren aber später Erfolg hätte, gegenüber den Nachteilen, die entstünden, wenn die einstweilige Anordnung erlassen würde, der Hauptsache aber später der Erfolg zu versagen wäre.

- Die für eine vorläufige Regelung sprechenden Gründe müssen so schwerwiegend sein, daß sie den Erlaß einer einstweiligen Anordnung unabweisbar machen.

- Das Anklageverfahren gegen Mitglieder des Senats bildet eine Ausnahme. Hier wird der Erlaß einer einstweiligen Anordnung von den Erfolgsaussichten des Hauptsacheverfahrens abhängig gemacht.

§ 6 Das Verfahren beim Erlaß einstweiliger Anordnungen

- Soweit im Verfahren der Hauptsache Hindernisse bestehen, weil beispielsweise Auflagen wie Bestellung eines Prozeßvertreters oder Zahlung eines Kostenvorschusses nicht nachgekommen wurde, wirkt sich das auf das Verfahren des vorläufigen Rechtsschutzes insoweit aus, als daß wegen der offensichtlichen Unzulässigkeit des Hauptsacheverfahrens der Erlaß einer einstweiligen Anordnung abzulehnen ist.

- Hält der Bayerische Verfassungsgerichtshof ein Bundesgesetz, auf dessen Gültigkeit es bei der Entscheidung ankommt, für verfassungswidrig, so muß er wegen der Eilbedürftigkeit der Entscheidungen im Verfahren des einstweiligen Rechtsschutzes grundsätzlich nicht aussetzen und dem Bundesverfassungsgericht vorlegen.

- Der Verfassungsgerichtshof entscheidet im Verfahren des einstweiligen Rechtsschutzes ohne mündliche Verhandlung.

§ 7 Die Entscheidung

- Die Besetzung des Verfassungsgerichtshofs entspricht derjenigen im jeweiligen Verfahren in der Hauptsache.

- Bei besonderer Dringlichkeit kann der Präsident des Verfassungsgerichtshofs allein entscheiden. Gegen seine Entscheidung kann innerhalb von zwei Wochen das Plenum des Verfassungsgerichtshofs angerufen werden.

- Der Inhalt der einstweiligen Anordnung orientiert sich an der Befugnis des Verfassungsgerichtshofs in der Hauptsache. Die Hauptsache darf nicht vorweggenommen werden. Zudem kann das Gericht durch einstweilige Anordnung nicht mehr zusprechen, als seine Befugnis in der Hauptsache reicht.

- Wurde außerhalb eines anhängigen Hauptsacheverfahrens eine einstweilige Anordnung erlassen, so kann der Verfassungsgerichtshof auf Antrag die Klageerhebung anordnen.
Wird dieser Anordnung nicht Folge geleistet, wird die einstweilige Anordnung auf Antrag aufgehoben.

- Der Antragsteller im Verfahren des einstweiligen Rechtsschutzes vor dem Bayerischen Verfassungsgerichtshof hat auch für den Fall, daß sich die einstweilige Anordnung als von Anfang an ungerechtfertigt herausstellt, keine Schadensersatzpflicht zu gegenwärtigen.

Dritter Teil
Verfassungsgerichtshofgesetz und Geschäftsordnung des Verfassungsgerichtshofs de lege ferenda

§ 8 *Änderung der Geschäftsordnung*

- Die Geschäftsordnung des Bayerischen Verfassungsgerichtshofs nimmt entgegen ihrer ursprünglichen Konzeption keine Verweisung mehr auf Recht vor, das der Gesetzgebungsgewalt des bayerischen Staates unterliegt, sondern es wird auf Bundesrecht verwiesen.

- Eine dynamische Verknüpfung von Landesrecht mit Bundesrecht ist zumindest auf dem Gebiet des Verfahrensrechts zulässig.

- Der Bayerische Verfassungsgerichtshof hat sich mit seiner Rechtsprechung zum Erlaß einstweiliger Anordnungen immer weiter von seinen ursprünglichen Verweisungsobjekten entfernt und dem Bundesverfassungsgerichtsgesetz und der Rechtsprechung des Bundesverfassungsgerichts angenähert.

- Eine Verweisung auf das Bundesverfassungsgerichtsgesetz ist dennoch abzulehnen, da sich ansonsten bei einer Vielzahl von Fragen Abweichungen vom bisherigen, bewährten Verfahren ergeben würden.

§ 9 *Ausdrückliche Regelung*

- Wegen der Bedeutung, die das Verfahren des einstweiligen Rechtsschutzes innerhalb der Rechtsprechung des Bayerischen Verfassungsgerichtshofs einnimmt, bietet es sich an, das Verfahren nicht mehr nur durch Verweisung, sondern ausdrücklich zu regeln.

- Dabei sollen die vom Verfassungsgerichtshof entwickelten Kriterien im Verfassungsgerichtshofgesetz festgeschrieben werden.

Vierter Teil
Die Entscheidungen des Bayerischen Verfassungsgerichtshofs im Verfahren des einstweiligen Rechtsschutzes

§ 10 Überblick

– In der Amtlichen Sammlung des Bayerischen Verfassungsgerichtshofs werden nur wichtige Entscheidungen veröffentlicht. Die Entscheidung darüber trifft der erkennende Senat.

– Die in der Amtlichen Sammlung veröffentlichten Entscheidungen in Verfahren des einstweiligen Rechtsschutzes werden nur mit ihrer Fundstelle angegeben.

– Von den nicht veröffentlichten Entscheidungen sind die tragenden Gründe, die zum Erlaß oder zur Ablehnung der beantragten einstweiligen Anordnung geführt haben, im Originalwortlaut zitiert.

Literatur

Albers, Jan: Das Verfahren des Hamburgischen Verfassungsgerichts im Spiegel seiner Rechtsordnung, in Aus dem Hamburger Rechtsleben, Walter Reimers zum 60. Geburtstag, Berlin 1979, S. 349 ff.

Apell, Günter-Richard: Das Bundesverfassungsgericht und Berlin, Köln-Berlin-Bonn-München 1984.

Arndt, Adolf: Das Bundesverfassungsgericht, DVBl. 1952, 1 ff.

Arndt, Gottfried: Die dynamische Rechtsverweisung in verfassungsrechtlicher Sicht – BVerfGE 47, 285, JuS 1979, 784 ff.

Bachof, Otto: Der Staatsgerichtshof für das Land Baden-Württemberg, in Tübinger Festschrift für Eduard Kern, Tübingen 1968, S. 1 ff.

Bachof, Otto / Jesch, Dietrich: Die Rechtsprechung des Landesverfassungsgerichts in der Bundesrepublik Deutschland, JöR N.F. Bd. 6 (1957), S. 47 ff.

Bahls, Dietrich: Wer trägt den Schaden aus einstweiligen Anordnung des Bundesverfassungsgerichts? ZRP 1973, 57 ff.

Bauer, Curt: Das Verhältnis der Verfassungsgerichtsbarkeit des Bundes und der Länder zueinander, Hamburg 1953.

Baur, Fritz: Studien zum einstweiligen Rechtsschutz, Tübingen 1967.

Becker: Zum Jahreswechsel, Thüringen, JW 1930, 11 ff.

Benda, Ernst: Das Bundesverfassungsgericht im Spannungsfeld von Recht und Politik, ZRP 1977, 1 ff.

Bender, Bernd: Die einstweilige Anordnung (§ 123 VwGO), in System des verwaltungsgerichtlichen Rechtsschutzes, Festschrift für Friedrich-Christian Menger zum 70.Geburtstag, Köln-Berlin-Bonn-München 1985, S. 657 ff.

Berg, Wilfried: Kassation gerichtlicher Urteile, die in bundesrechtlich geordneten Verfahren ergangen sind, in Landesverfassungsgerichtsbarkeit Teilband 2, Baden-Baden 1983, S. 529 ff.

Besler, Wolfgang: Die Probleme verwaltungsgerichtlicher Normenkontrolle unter besonderer Berücksichtigung der Neufassung des § 47 der Verwaltungsgerichtsordnung, Dissertation Münster 1981.

Betghe, Herbert: Organstreitigkeiten des Landesverfassungsrechts, in Landesverfassungsgerichtsbarkeit Teilband 2, Baden-Baden 1983, S. 17 ff.

— Verfassungsgerichtsbarkeit im Bundesstaat, BayVBl. 1985, 257 ff.

Bettermann, Karl August: Verwaltungsakt und Richterspruch, in Gedächtnisschrift für Walter Jellinek, München 1955, S. 347 ff.

— Anmerkung zu OVG Münster, JZ 1960, 544 f., JZ 1960, 545.

— Die konkrete Normenkontrolle und sonstige Gerichtsvorlagen, in Bundesverfassungsgericht und Grundgesetz, Festgabe aus Anlaß des 25jährigen Bestehens des Bundesverfassungsgerichts, Band 1 Verfassungsgerichtsbarkeit, Tübingen 1976, S. 323 ff.

Bickel, Heribert: Vorläufiger Rechtsschutz und materielles Verfassungsrecht, DÖV 1983, 49 ff., 629 f.

Bothe, Michael: Gliedstaatliche Verfassungsgerichtsbarkeit. Skizzen eines Vergleichs. In Landesverfassungsgerichtsbarkeit , Teilband 1, Baden-Baden 1983, S. 403 ff.

Braun, Klaus: Kommentar zur Verfassung des Landes Baden-Württemberg, Stuttgart-München-Hannover 1984.

Brugger, Winfried: Rechtsprobleme im Hinblick auf Publikation, Demokratie und Rechtsstaat, VerwArch 78 (1987), S. 1 ff.

Clemens, Thomas: Die Verweisung von einer Rechtsnorm auf andere Vorschriften, AöR 111 (1986), S. 63 ff.

Diller, Georg: Zur Rechtsprechung des Bayerischen Verfassungsgerichtshofs, JZ 1954, 740 ff.; 1955, 15 ff., 238 ff., 270 ff.; 1956, 718 ff., 756 ff.; 1957, 18 ff., 53 ff.; 1959, 475 ff., 525 ff., 568 ff.; 1962, 87 ff., 116 ff.

Doeberl, Michael: Ein Jahrhundert bayerischen Verfassungslebens, München 1918.

Domcke, Hans: Die bayerische Popularklage, in Landesverfassungsgerichtsbarkeit Teilband 2, Baden-Baden 1983, S. 231 ff.

— Zur Fortgeltung der Grundrechte der Bayerischen Verfassung, in Verfassung und Verfassungsrechtsprechung, Festschrift zum 25jährigen Bestehen des Bayerischen Verfassungsgerichtshofs, München 1972, S. 311 ff.

Drath, Martin: Die Grenzen der Verfassungsgerichtsbarkeit, VVDStRL 9 (1952), S. 17 ff.

Eiswaldt, Wolfgang: Die Staatsgerichtshöfe in den deutschen Ländern und Art. 19 der Reichsverfassung, München 1927.

Elsässer, Sigmund: Der Bayerische Verfassungsgerichtshof, BayVBL 1963, 165 ff.

Erichsen, Hans-Uwe: Die einstweilige Anordnung, in Bundesverfassungsgericht und Grundgesetz, Festgabe aus Anlaß des 25jährigen Bestehens des Bundesverfassungsgerichts, Band 1 Verfassungsgerichtsbarkeit, Tübingen 1976, S. 170 ff.

Eyermann, Erich / *Fröhler,* Ludwig: Verwaltungsgerichtsordnung, Kommentar, 9. Auflage, München 1988.

Feuchte, Paul: Verfassung des Landes Baden-Württemberg, Stuttgart-Berlin-Köln-Mainz 1987.

Fiedler, Wilfried: Die Entstehung der Landesverfassungsgerichtsbarkeit nach dem Zweiten Weltkrieg, in Landesverfassungsgerichtsbarkeit, Teilband 1, Baden–Baden 1983, S. 103 ff.

Finkelnburg, Klaus / *Jank,* Klaus Peter: Vorläufiger Rechtsschutz im Verwaltungsstreitverfahren, 3. Auflage, München 1986.

Flad, Wolfgang: Verfassungsgerichtsbarkeit und Reichsexekution, Heidelberg 1929.

Förster, Klaus Dieter: Die einstweilige Verfügung und vorbeugende Klage in der Verfassungsgerichtsbarkeit, Dissertation, Freiburg 1953.

Freund, Lothar: Die Anklageverfahren vor den Landesverfassungsgerichten, in Landesverfassungsgerichtsbarkeit Teilband 2, Baden–Baden 1983, S. 307 ff.

Friesenhahn, Ernst: Die Staatsgerichtsbarkeit, in Anschütz/ Thoma, Handbuch des Deutschen Staatsrechts Band 2, Tübingen 1930, S. 523 ff.

— Die Verfassungsgerichtsbarkeit in der Bundesrepublik Deutschland, Köln–Berlin– Bonn– München 1963.

— Zur Zuständigkeitsabgrenzung zwischen Bundesverfassungsgerichtsbarkeit und Landesverfassungsgerichtsbarkeit, in Bundesverfassungsgericht und Grundgesetz, Festgabe aus Anlaß des 25–jährigen Bestehens des Bundesverfassungsgerichts, Band 1 Verfassungsgerichtsbarkeit, Tübingen 1976, S. 748 ff.

— Über Begriff und Arten der Rechtsprechung unter besonderer Berücksichtigung der Staatsgerichtsbarkeit nach dem Grundgesetz und den westdeutschen Landesverfassungen, in Festschrift für Richard Thoma, Tübingen 1950, S. 21 ff.

— Staatsgewalt und Rechtskontrolle 1932 und 1982, in Demokratie in Anfechtung und Bewährung, Festschrift für Johannes Broermann, Berlin 1982, S. 517 ff.

— Verfassungsgerichtsbarkeit, Gesetzgebung und politische Führung, in Cappenberger Gespräche der Freiherr–vom–Stein–Gesellschaft, Band 15, Köln 1980, S. 57 ff.

Fuss, Ernst–Werner: Die einstweilige Anordnung im verfassungsgerichtlichen Verfahren, DÖV 1959, 201 ff.

Gamber, Dieter: Die verfassungsrechtliche Problematik der dynamischen Verweisung von Landesrecht auf Bundesrecht, VBlBW 1983, 197 ff.

Gebhardt, Richard: Die einstweilige Anordnung des Bundesverfassungsgerichts, Dissertation München 1965.

Gehb, Jürgen: Verfassung, Zuständigkeiten und Verfahren des Hessischen Staatsgerichtshofs, Baden–Baden 1987.

Geiger, Willi: Gesetz über das Bundesverfassungsgericht, Berlin und Frankfurt a.M. 1952.

Geller / Kleinrahm: Die Verfassung des Landes Nordrhein-Westfalen, 3. Auflage, Göttingen 1977, 1. Ergänzungslieferung 1982.

Gensior, Walter: Wahlprüfungs- und ähnliche Beschwerden vor Landesverfassungsgerichten, in Landesverfassungsgerichtsbarkeit Teilband 2, Baden–Baden 1983, S. 105 ff.

Gerold, Wilhelm / *Schmidt*, Herbert / *v. Eicken*, Kurt / *Madert*, Wolfgang: Bundesgebührenordnung für Rechtsanwälte, 10. Auflage, München 1989.

Giese: Zum Konflikt zwischen Staatsgerichtshof und Reichsregierung, DJZ 1929, Sp. 129 ff.

Glum, Friedrich: Staatsrechtliche Bemerkungen zu dem "Konflikt" zwischen dem Staatsgerichtshof für das deutsche Reich und der Reichsregierung in der vor dem Staatsgerichtshof schwebenden Streitsache wegen der Besetzung der Stellen im Verwaltungsrat der Reichsbahngesellschaft, ZaöRV 1929, 458 ff.

Gönner, Nicolaus Thadd.: Handbuch des deutschen gemeinen Processes, Band IV, 2. Auflage, Erlangen 1805.

Goerlich, Helmut: Vorlagepflicht und Eilverfahren, JZ 1983, 57 ff.

Goessl, Manfred: Organstreitigkeiten innerhalb des Bundes: Eine Untersuchung des Art. 93 Abs. 1 Nr. 1 des Grundgesetzes und der zu seiner Ausführung ergangenen Bestimmungen, Berlin 1961.

Granderath, Reinhard: Die einstweilige Anordnung im Verfahren vor dem Bundesverfassungsgericht, NJW 1971, 542 ff.

Grawert, Rolf: Die Bedeutung gliedstaatlichen Verfassungsrechts in der Gegenwart, NJW 1987, 2329 ff.

Greiff: Ist das Gericht, welches das Verfahren des Art. 100 GG in Gang setzt, "Beteiligter" des Verfahrens? DRiZ 1954, 138 ff.

Greve, Friedrich: Die Ministerialverantwortlichkeit im konstitutionellen Staat, Berlin 1977.

Grimm, Dieter: Verfassungsrecht, in Grimm / Papier, Nordrheinwestfälisches Staats- und Verwaltungsrecht, Frankfurt a.M. 1986, S. 1 ff.

Groschupf, Otto: Richtervorlagen zu den Landesverfassungsgerichten, in Landesverfassungsgerichtsbarkeit Teilband 2, Baden–Baden 1983, S. 85 ff.

Gross, Rolf: Landesverfassungsgerichtsbarkeit im bundesstaatlichen System — am Beispiel der Novellierungsvorschläge zum Hessischen Staatsgerichtshofgesetz, Recht im Amt 1979, S. 1 ff.

Grundmann, Werner: Einstweilige Anordnungen bei behaupteter Verfassungswidrigkeit von Gesetzen, DVBl. 1959, S. 875 ff.

— Zur Vorgreiflichkeit verfassungsgerichtlicher Anordnungsentscheidungen, DÖV 1960, S. 680 ff.

Grunsky, Wolfgang: Der einstweilige Rechtsschutz im öffentlichen Recht, JuS 1977, 217 ff.

— Grundlagen des einstweiligen Rechtsschutzes, JuS 1976, 277 ff.

Gusy, Christoph: Die Verfassungsbeschwerde, Heidelberg 1988.

Häntzschel, Kurt: Der Konflikt Reich–Thüringen in der Frage der Polizeikostenzuschüsse, AöR NF 20 (1931), S. 384 ff.

Härtel, Lia: Der Länderrat des amerikanischen Besatzungsgebietes, Stuttgart und Köln 1951.

Hahn, Dietmar: Normenkontrolle von Satzungen nach dem Bundesbaugesetz, JuS 1983, 678 ff.

Haller, Walter: Supreme Court und Politik in den USA: Fragen der Justiziabilität in der höchstrichterlichen Rechtsprechung, Bern 1972.

v. Hammerstein, Christian: Das Verhältnis von Bundes- und Landesverfassungsgerichtsbarkeit, Dissertation Göttingen 1960.

Hartmann, Peter: Kostengesetze, 22. Auflage München 1987.

Heinsheimer: Anmerkung zu StGH JW 1926, 374, JW 1926, 378 ff.

Helfferich, Günther: Die einstweilige Anordnung in der Verfassungsgerichtsbarkeit der Bundesrepublik Deutschland, Tübingen 1962.

Hensgen, Ulrich: Organisation, Zuständigkeiten und Verfahren des Verfassungsgerichtshofs von Rheinland–Pfalz, Mainz 1986.

Heyde, Wolfgang: Überblick über die Verfahren vor den Landesverfassungsgerichten mit Tabellen über die Häufigkeit der Verfahren (einschließlich Schleswig–Holstein), in Landesverfassungsgerichtsbarkeit Teilband 2, Baden–Baden 1983, S. 1 ff.

Heyde, Wolfgang / *Gielen*, Peter: Die Hüter der Verfassung, Verfassungsgerichte im Bund und in den Ländern, Karlsruhe 1973.

von der *Heydte*, Friedrich August Freiherr: Judicial self-restraint eines Verfassungsgerichts im freiheitlichen Rechtsstaat? In Menschenwürde und freiheitliche Rechtsordnung, Festschrift für Willi Geiger zum 65. Geburtstag, Tübingen 1974, S. 909 ff.

Hoegner, Wilhelm: Der Bayerische Verfassungsgerichtshof, SJZ 1947, 490 ff.

Hoke, Rudolf: Verfassungsgerichtsbarkeit in der Tradition, in Landesverfassungsgerichtsbarkeit Teilband 1, Baden–Baden 1983, S. 25 ff.

Huber, Ernst Rudolf: Deutsche Verfassungsgeschichte seit 1789, Band VI, Die Weimarer Reichsverfassung, Stuttgart–Berlin–Köln–Mainz 1981.

Hufen, Friedhelm: Die Bedeutung gliedstaatlichen Verfassungsrechts in der Gegenwart, BayVBl. 1987, 513 ff.

van *Husen*, Paulus: Gesetz über die Verwaltungsgerichtsbarkeit in Bayern, Württemberg–Baden und Hessen, Stuttgart 1947.

Jahn: Darf der Staatsgerichtshof einstweilige Anordnungen erlassen, JW 1930, 1160 ff.

Jahrreiss, Hermann: Verfassungsrechtsprechung und Verfassungsgericht, Recht, Staat, Wirtschaft Band 4 (1953), S. 203 ff.

Jerusalem, Franz Wilhelm: Die Staatsgerichtsbarkeit, Tübingen 1930.

Joël, Curt: Die Rechtsprechung des Staatsgerichtshofs für das Deutsche Reich, AöR NF 38 (1951/52), S. 129 ff.

Juhle, Dietrich: Die Gegenstände der Landesverfassungsgerichtsbarkeit, Dissertation, Göttingen 1963.

Junker, Heinrich: Not- und Ausnahmeausmaßnahmen nach dem geltenden Recht, BayVBl. 1960, S. 33 ff.

Karpen, Hans Ulrich: Die Verweisung als Mittel der Gesetzgebungstechnik, Berlin 1970.

Karpen, Ulrich: Der einstweilige Rechtsschutz im Verfassungsprozeß, JuS 1984, S. 455 ff.

Klein, Eckart: Verfassungsprozeßrecht, Versuch einer Systematik an Hand der Rechtsprechung des Bundesverfassungsgerichts, AöR 108 (1983), S. 410 ff, 561 ff.

Klein, Franz: Die einstweilige Anordnung im verfassungsgerichtlichen Verfahren, JZ 1966, 461 ff.

Knobelsdorff, Hans: Der Verfassungsgerichtshof von Nordrhein–Westfalen, DÖV 1958, S. 175 ff.

Knöpfle, Franz: Die Berufung des Bayerischen Verfassungsgerichtshofs zum Schutz der verfassungsmäßigen Ordnung, BayVBl. 1965, 73 ff.

— Verfassungsgerichtsbarkeit in Bayern, BayVBl. 1984, 257 ff., 296 ff.

— Die Verfassung des Bayerischen Verfassungsgerichtshofs, München–Wien 1972.

— Richterbestellung und Richterbank bei den Landesverfassungsgerichten, in Landesverfassungsgerichtsbarkeit Teilband 1, Baden–Baden 1983, S. 231 ff.

Koch, Claudia: Die Landesverfassungsgerichtsbarkeit der Freien Hansestadt Bremen, Berlin 1981.

Koehler, Alexander: Verfahren und Gerichtsverfassung in der allgemeinen Verwaltungsgerichtsbarkeit und in der Verfassungsgerichtsbarkeit des Bundes und der Länder, DÖV 1963, 743 ff.

Koellreuter, Otto: Der Konflikt Reich – Thüringen in der Frage der Polizeikostenzuschüsse, AöR NF 20 (1931), S. 68 ff.

König, Hans–Günther: Der verfassungsrechtliche Rechtsschutz in Bayern, BayVBl. 1958, 166 ff.

König-Ouvrier, Ingelore: Die Zulässigkeit einstweiliger Anordnungen im verwaltungsgerichtlichen Normenkontrollverfahren, Dissertation, Frankfurt 1977.

Körtge, Hans Rolf: Grundfragen der Verfassungsgerichtsbarkeit im niedersächsischen Gesetz über den Staatsgerichtshof vom 31. März 1955, DVBl. 1956, S. 109 ff.

Kolb, G.: Zur Rechtsprechung des Bayerischen Verfassungsgerichtshofes 1947 – 1957, BayVBl. 1957, 266 ff.

Kopp, Ferdinand O.: Verwaltungsgerichtsordnung, 8. Auflage München 1989.

Korte, Heinrich: Verfassung und Verwaltung des Landes Niedersachsen, JöR N.F. Bd. 5 (1956), S. 1 ff.

Kratzer, Jakob: Artikel 142 des Grundgesetzes und die Grundrechte in der Bayerischen Verfassung, in Verfassung und Verwaltung in Theorie und Wirklichkeit, Festschrift für Wilhelm Laforet, München 1952.

— Die Verfassungsurkunde des Freistaates Bayern vom 14. August 1919, München, Berlin und Leipzig 1925.

Krause, Peter: Verfassungsentwicklung im Saarland 1958 – 1979, JöR N.F. 29 (1980), S. 393 ff.

Kretschmer, Ernst: Die Verfassungsgerichtsbarkeit im Saarland, Justizblatt des Saarlandes 1961, S. 68 ff.

— Die Voraussetzungen der einstweiligen Anordnung im Verfahren vor dem Verfassungsgerichtshof, Justizblatt des Saarlandes 1961, S. 195 ff.

Kröger, Klaus: Die Ministerialverantwortlichkeit in der Verfassungsordnung der Bundesrepublik Deutschland, Frankfurt a.M. 1972.

Lammers, Hans–Heinrich: Anm. zu StGH JW 1926, 374, JW 1926, 374 ff.

Lammers, Hans–Heinrich / *Simons*, Walter: Die Rechtsprechung des Staatsgerichtshofes für das Deutsche Reich und des Reichsgerichts aufgrund Art. 13 II der Reichsverfassung, Band I – VI, Berlin 1929.

Lechner, Hans: Bundesverfassungsgerichtsgesetz, 3. Auflage München 1973.

Leibholz, Gerhard: Zur Rechtsprechung des Bundesverfassungsgerichts zum Erlaß einstweiliger Anordnungen nach § 32 des Bundesverfassungsgerichtsgesetzes vom 12. März 1951, in Scritti in onore di Caspare Ambrosini, Vol. II, Milano 1970, S. 1163 ff.

Leibholz, Gerhard / *Rupprecht*, Reinhard: Bundesverfassungsgerichtsgesetz, Köln–Marienburg 1968.

Leipold, Dieter: Strukturfragen des einstweiligen Rechtsschutzes, ZZP 90 (1977), S. 258 ff.

— Grundlagen des einstweiligen Rechtsschutzes im zivil-, verfassungs- und verwaltungsgerichtlichen Verfahren, München 1971.

Leisner, Walter: Landesverfassungsgerichtsbarkeit als Wesenselement des Föderalismus, in Verfassung und Verfassungsrechtsprechung, Festschrift zum 25–jährigen Bestehen des Bayerischen Verfassungsgerichtshofs, München 1972, S. 183 ff.

Lemke, Michael: Vorläufiger Rechtsschutz im verfassungsgerichtlichen Verfahren des Bundes und der Länder, Dissertation, Münster 1973.

Lerche, Peter: Die Rechtsprechung des Bundesverfassungsgerichts in Berliner Fragen, in Bundesverfassungsgericht und Grundgesetz, Festgabe aus Anlaß des 25jährigen Bestehens des Bundesverfassungsgerichts, Band 1 Verfassungsgerichtsbarkeit, Tübingen 1976, S. 715 ff.

Ley, Richard: Staats- und Verfassungsrecht, in Ley / Prümm, Staats- und Verwaltungsrecht für Rheinland-Pfalz, Neuwied und Darmstadt 1986.

Lichtenberger, Gustav: Der Bayerische Verfassungsgerichtshof, BayVBl. 1989, 289 ff.

Löwenthal, Martin: Neues zur Staatsgerichtsbarkeit, RuPrVBl. Bd. 51 (1930), S. 747 ff.

Löwer, Wolfgang: Zuständigkeiten und Verfahren des Bundesverfassungsgerichts, in Handbuch des Staatsrechts der Bundesrepublik Deutschland, Band 2, Heidelberg 1987, S. 737 ff.

Mang, Johann / *Maunz*, Theodor / *Mayer*, Franz / *Obermayer*, Klaus: Staats- und Verwaltungsrecht in Bayern, 4. Auflage München 1975.

Marcic, René: Verfassung und Verfassungsgericht, Wien 1963.

Maunz, Theodor: Die verfassungsrechtliche Stellung der politischen Parteien in Bayern, BayVBl. 1960, 1 ff.

Maunz, Theodor / *Dürig*, Günther: Grundgesetz, Kommentar, 6. Auflage, 1. - 27. Lieferung, München 1989.

Maunz, Theodor / *Obermayer*, Klaus / *Berg*, Wilfried / *Knemeyer*, Franz–Ludwig: Staats- und Verwaltungsrecht in Bayern, 5. Auflage, München 1988.

Maunz, Theodor / *Schmidt-Bleibtreu*, Bruno / *Klein*, Franz / *Ulsamer*, Gerhard: Bundesverfassungsgerichtsgesetz, Grundlieferung München 1964, 10. Lieferung 1988.

Maurer, Hartmut: Anmerkung zu BVerfG, JZ 1989, 292 ff., JZ 1989, 294 f.

Meder, Theodor: Die Verfassung des Freistaates Bayern, 3. Auflage Stuttgart-München-Hannover 1985.

— Die Rechtsprechung des Bayerischen Verfassungsgerichtshofs 1964 - 1974, JöR NF 24 (1975), S. 387 ff.

Merk, Wilhelm: Volksbegehren und Volksentscheid, AöR NF 19 (1930), S. 83 ff.

Merkel, Claus Theo: Die einstweilige Anordnung des Bundesverfassungsgerichts und die staatsrechtliche Verantwortung des Bundesverfassungsgerichts, Dissertation Heidelberg 1975.

Minnerop, Manfred: Materielles Recht und einstweiliger Rechtsschutz, Köln–Berlin–Bonn–München 1973.

v. Mutius, Albert: Zum Verhältnis zwischen vorläufigem Rechtsschutz, Wahlprüfungsverfahren und Verwerfungsmonopol des Bundesverfassungsgerichts gem. Art. 100 Abs. 1 GG, VerwArch 1977, 207 ff.

Näher, Kurt: Behandlung der Verfassungsklagen durch den Bayerischen Senat, BayVBl. 1989, 135 ff.

Nawiasky, Hans: Bayerisches Verfassungsrecht, München 1923.

Nawiasky, Hans / *Leusser*, Claus / *Schweiger*, Karl / *Zacher*, Hans: Die Verfassung des Freistaates Bayern, Grundwerk München 1963, 5. Ergänzungslieferung 1976.

Nennstiel, Karl: Die einstweilige Verfügung im Verfassungsstreit, Abgewiesener Antrag der SPD–Landtagsfraktion in Rheinland– Pfalz, Die Dritte Gewalt, Jahrgang 3, 1953/16, S. 10 ff.

Neumann, Heinzgeorg: Handkommentar zur Vorläufigen Niedersächsischen Verfassung, Lüneburg 1983.

Ossenbühl, Fritz: Die verfassungsrechtliche Zulässigkeit der Verweisung als Mittel der Gesetzgebungstechnik, DVBl. 1967, 401 ff.

Pestalozza, Christian: Einstweilige Anordnung statt Richtervorlage, NJW 1979, 1341 f.

— NJW 1976, 1651 und VGH Mannheim, DÖV 1976, 678, JuS 1978, 312 ff.

— Verfassungsprozeßrecht, 2. Auflage München 1982.

— Berlin ohne Verfassungsgericht, in Landesverfassungsgerichtsbarkeit Teilband 1, Baden-Baden 1983, S. 183 ff.

— Aus dem Bayerischen Verfassungsleben 1965 bis 1988, JÖR NF 37 (1988), S. 325 ff.

Pfeiffer, Gerd: Die Verfassungsbeschwerde in der Praxis, Essen 1959.

Pfennig, Gero / *Neumann*, Manfred J.: Verfassung von Berlin,2. Auflage Berlin-New York 1987.

Piehler, Klaus: Einstweiliger Rechtsschutz und materielles Recht: Eine rechtsvergleichende Studie zum einstweiligen Rechtsschutz im Wettbewerbsrecht, Arbeitskampfrecht und Patentrecht in der Bundesrepublik und den USA, Frankfurt a.M. 1980.

Plambeck, Helmut: Gerichtsverfassung und Gerichtsorganisation, in Hoffmann-Riem / Koch, Hamburgisches Staats- und Verwaltungsrecht, Frankfurt a.M. 1988, S. 63 ff.

Poetzsch-Heffter: Zuständigkeit des Staatsgerichtshofs, DJZ 1929, Sp. 1507 ff.

v. *Pözl*, Joseph: Lehrbuch des Bayerischen Verfassungsrechts, 5. Auflage München 1877.

Pohle, Rudolf: Anmerkung zu BVerfG, JZ 1961, 375, JZ 1961, 376 f.

Quaritsch, Helmut: Die einstweilige Anordnung im Verwaltungsprozeß, VerwArchiv Bd. 51 (1960), S. 210 ff., S. 342 ff.

Redeker, Konrad / von *Oertzen*, Hans Joachim: Verwaltungsgerichtsordnung, 9. Auflage, Stuttgart-Berlin-Köln-Mainz 1988.

v. *Rimscha*, Wolfgang: Die Grundrechte im süddeutschen Konstitutionalismus, Köln-Berlin-Bonn-München 1973.

Ritter, Kurt: Die verfassungsrechtlichen Streitigkeiten vor dem Staatsgerichtshof für das Deutsche Reich, Heidelberg 1930.

Roemer, Walter: Zur Rechtsprechung des Bayerischen Verfassungsgerichtshofes, SJZ 1949, Sp. 24 ff., 184 ff.; 1950, Sp. 569 ff.

Rohmeyer, Hartwig: Geschichte und Rechtsnatur der einstweiligen Anordnung im Verwaltungsprozeß, Berlin 1967.

Säcker, Horst: Die Rechtsmacht des Bundesverfassungsgerichts gegenüber dem Gesetzgeber, BayVBl. 1979, 193 ff.

Sandtner, Walter: Verfassungsbeschwerde und Rechtskraft angefochtener Entscheidungen, BayVBl. 1970, 77 ff.

v. *Savigny*, Friedrich Karl: Das Recht des Besitzes, 1. Auflage, Giessen 1803.

Schäfer, Hans: Das Verhältnis zwischen Bundes- und Landesverfassungsgerichtsbarkeit, JZ 1951, 199 ff.

— Verfahrensfragen der konkreten Normenkontrolle nach Art. 100 Abs. 1 GG, NJW 1954, 403 ff.

Schäfer, Ludwig: Die Kassation gerichtlicher Entscheidungen durch den Bayerischen Verfassungsgerichtshof, in Verfassung und Verfassungsrechtsprechung, Festschrift zum 25-jährigen Bestehen des Bayerischen Verfassungsgerichtshofs, München 1972, S. 259 ff.

Schenke, Wolf-Rüdiger: Die verfassungsrechtlichen Probleme dynamischer Verweisungen, NJW 1980, 743 ff.

— Die Verfassungsorgantreue, Berlin 1977.

— Die einstweilige Anordnung in Verbindung mit der verwaltungsgerichtlichen Normenkontrolle (§ 47 Abs. 7 VwGO), DVBl. 1979, 169 ff.

Scheuner, Ulrich: Die Überlieferung der deutschen Staatsgerichtsbarkeit im 19. und 20. Jahrhundert, in Bundesverfassungsgericht und Grundgesetz, Festgabe aus Anlaß des 25jährigen Bestehens des Bundesverfassungsgerichts, Band 1 Verfassungsgerichtsbarkeit, Tübingen 1976, S. 1 ff.

Schilken, Eberhard: Die Befriedigungsverfügung, Berlin 1976.

Schlaich, Klaus: Das Bundesverfassungsgericht, München 1985.

Schlitzberger, Egbert: Einstweilige Anordnungen des BVerfG im Einzelinteresse, JR 1965, S. 404 ff.

Schmidt, Walter: Verfassungsrecht in Mayer / Stolleis, Hessisches Staats- und Verwaltungsrecht, 2. Auflage, Frankfurt a.M. 1986, S. 20 ff.

Schmitz, Günther: Die Bedeutung der Anträge für die Einleitung und Beendigung des Verfassungsprozesses, Dissertation, München 1968.

Schneider, Hans-Peter: Verfassungsrecht, in Faber / Schneider, Niedersächsisches Staats- und Verwaltungsrecht, Frankfurt a.M. 1985, S. 44 ff.

Schröder, Hans: Entfaltung der Hessischen Verfassung durch die Rechtsprechung des Staatsgerichtshofs, in Stein, 30 Jahre Hessische Verfassung, Wiesbaden 1976, S. 293 ff.

Schüle, Adolf: Das Problem der einstweiligen Verfügung in der deutschen Reichsstaatsgerichtsbarkeit, Berlin 1932.

Schumann, Ekkehard: Verfassungs- und Menschenrechtsbeschwerde gegen richterliche Entscheidungen, Berlin 1963.

— Verfassungsbeschwerde (Grundrechtsklage) zu den Landesverfassungsgerichten, in Landesverfassungsgerichtsbarkeit Teilband 2, Baden-Baden 1983, S. 149 ff.

— Einwirkungen des Bundesrechts auf die Bayerische Verfassungsgerichtsbarkeit, in Verfassung und Verfassungsrechtsprechung, Festschrift zum 25-jährigen Bestehen des Bayerischen Verfassungsgerichtshofs, München 1972, S. 281 ff.

Schunck, Egon: Die Verfassung von Rheinland-Pfalz vom 18. Mai 1947, JöR N.F. Bd. 5 (1956), S. 159 ff.

— Die verfassungsrechtliche Entwicklung in Rheinland-Pfalz von 1956 - 1970, JöR N.F. Bd. 20 (1971), S. 241 ff.

Schuppert, Gunnar Folke: Einstweilige Anordnung und Vollstreckungsregelung, in Landesverfassungsgerichtsbarkeit Teilband 2, Baden-Baden 1983, S. 347 ff.

Schweinoch, Joachim / *Simader,* August: Landeswahlgesetz, Bezirkswahlgesetz, Landeswahlordnung, Handkommentar, 12. Auflage München 1986.

v. *Seydel,* Max: Bayerisches Staatsrecht, 7 Bände, München 1884 - 1893, 1. Bd. 1884, 2. Bd. 1885.

v. *Seydel,* Max / *Piloty,* Robert: Bayerisches Staatsrecht, von Max von Seydel, auf der Grundlage der 2. Auflage neu bearbeitet von Josef von Graßmann und Robert Piloty. Erster Band: Die Staatsverfassung, bearbeitet von Robert Piloty, München 1913.

Simons, Walter: Nachträge, Die Staatsgerichtsbarkeit, in Anschütz/ Thoma, Handbuch des deutschen Staatsrechts Band 2, Tübingen 1930, S. 737 ff.

Spanner, Hans: Notstandsrecht und Bundesverfassungsgericht, DÖV 1963, 648 ff.

— Das Bundesverfassungsgericht, München 1972.

Starck, Christian: Der verfassungsrechtliche Status der Landesverfassungsgerichte, in Landesverfassungsgerichtsbarkeit Teilband 1, Baden–Baden 1983, S. 155 ff.

— Sondervotum überstimmter Richter und Bekanntgabe des Abstimmungsergebnisses – de lege lata, in Landesverfassungsgerichtsbarkeit Teilband 1, Baden–Baden 1983, S. 285 ff.

— (Hrsg.): Landesverfassungsgerichtsbarkeit, Baden–Baden 1983.

Stein-Jonas: Kommentar zur Zivilprozeßordnung, Band 1 §§ 1– 252, 20. Auflage Tübingen 1984, 6. Lieferung §§ 916–1043, 20. Auflage, Tübingen 1981.

Steiner, Udo: Wirkung der Entscheidungen des Bundesverfassungsgerichts auf rechtskräftige und unanfechtbare Entscheidungen (§ 79 BVerfGG), in Bundesverfassungsgericht und Grundgesetz, Festgabe aus Anlaß des 25jährigen Bestehens des Bundesverfassungsgerichts, Band 1 Verfassungsgerichtsbarkeit, Tübingen 1976, S. 628 ff.

Stern, Klaus: Das Staatsrecht der Bundesrepublik Deutschland, Band 2, Staatsorgane, Staatsfunktionen, Finanz- und Haushaltsverfassung, Notstandsverfassung, München 1980.

— Nahstellen zwischen Bundes- und Landesverfassungsgerichtsbarkeit, BayVBl. 1976, 547 ff.

— Das Bundesverfassungsgericht und die sogenannte konkrete Normenkontrolle nach Art. 100 Abs. 1 GG, AöR 91 (1966), S. 223 ff.

Stiebeler, Walter: Die Rechtsprechung des Hamburgischen Verfassungsgerichts 1969 - 1984, JöR 1986, 229 ff.

Stratenwerth, Günther: Strafprozessuale Zwangsmaßnahmen bei inzidenter Normenkontrolle, JZ 1957, 299 ff.

Streicher, Karl: Zur Entwicklung der Staatsgerichtsbarkeit in Bayern, in Verfassung und Verfassungsrechtsprechung, Festschrift zum 25–jährigen Bestehen des Bayerischen Verfassungsgerichtshofs, München 1972, S. 195 ff.

Teplitzky, Otto: Streitfragen beim Arrest und bei der einstweiligen Verfügung, DRiZ 1982, 41 ff.

Tilch, Horst: Inhaltsgleiches Bundes- oder Landesverfassungsrecht als Prüfungsmaßstab, Landesverfassungsgerichtsbarkeit Teilband 2, Baden–Baden 1983, S. 551 ff.

— Die Rechtsprechung des Bayerischen Verfassungsgerichtshofs 1974 - 1980, JöR NF 30 (1981), S. 345 ff.

Triepel, Heinrich: Wesen und Entwicklung der Staatsgerichtsbarkeit, in VVDStRL 5 (1929), S. 2 ff.

Tröger, Gerhard: Normenprüfung durch den Bayerischen Verfassungsgerichtshof, BayVBl. 1969, 414 ff.

Tüttenberg, Hanns Paul: Die einstweilige Anordnung im verfassungsgerichtlichen Verfahren, Dissertation Mainz 1967.

Ule, Carl Hermann: Einstweilige Anordnungen im Verfassungsbeschwerdeverfahren, in Festschrift für Theodor Maunz zum 80. Geburtstag, München 1981, S. 395 ff.

— Verwaltungsprozeßrecht, 9. Auflage, München 1987.

Ulsamer, Gerhard: Abstrakte Normenkontrolle vor den Landesverfassungsgerichten (einschließlich vorbeugender Normenkontrolle), in Landesverfassungsgerichtsbarkeit Teilband 2, Baden–Baden 1983, S. 43 ff.

— Neue gesetzliche Regelungen zur Entlastung und Sicherung der Funktionsfähigkeit des Bundesverfassungsgerichts, in Ehrengabe für Theo Ritterspach, EuGRZ 1986, 110 ff.

Weiss, Hans Adalbert: Die Vollstreckung von Entscheidungen des Bundesverfassungsgerichts, Dissertation Augsburg 1976.

Wintrich, Josef M.: Die Rechtsprechung des Bayerischen Verfassungsgerichtshofs, Recht, Staat, Wirtschaft, Bd. 4 (1953), S. 139 ff.

Zacher, Hans: Verfassungsentwicklung in Bayern 1946 – 1964, JöR NF 15 (1966), S. 321 ff.

Zeidler, Wolfgang: Verfassungsgerichtsbarkeit, Gesetzgebung und politische Führung, in Cappenberger Gespräche der Freiherr-vom Stein-Gesellschaft, Band 15, Köln 1980, S. 43 ff.

Zembsch, Günther: Verfahrensautonomie des Bundesverfassungsgerichts, Köln–Berlin–Bonn–München 1971.

Ziekow, Jan: Aufgaben der Verfassungsgerichtsbarkeit in Berlin, Berliner Anwaltsblatt 1987, 43 ff.

Zinn, Georg August / *Stein*, Erwin: Verfassung des Landes Hessen, Grundlieferung, Bad Homburg vor der Höhe 1963, 14. Lieferung 1984.

Zoepel, Heinrich: Grundsätze des gemeinen deutschen Staatsrechts mit besonderer Rücksicht auf das allgemeine Staatsrecht und auf die neuesten Zeitverhältnisse, 2. Theil, 5. Auflage, Leipzig–Heidelberg 1863.

Zuck, Rüdiger: Die einstweilige Anordnung bei der Verfassungsbeschwerde gegen strafrechtliche Entscheidungen, NStZ 1985, S. 241 ff.

— Die einstweilige Anordnung im Normenkontrollverfahren nach § 47 Abs. 7 VwGO, DÖV 1977, 848 ff.

— Das Recht der Verfassungsbeschwerde, München 1988.

Printed by Libri Plureos GmbH
in Hamburg, Germany